U0115717

阿拉善

额济纳旗

李 靖◎编著

内蒙古人民出版社

图书在版编目 (CIP) 数据

话说内蒙古·额济纳旗 / 李靖编著 . —呼和浩特：
内蒙古人民出版社，2018.8
ISBN 978-7-204-15383-1

Ⅰ . ①话… Ⅱ . ①李… Ⅲ . ①额济纳旗－概况 Ⅳ .
① K922.6

中国版本图书馆 CIP 数据核字 (2018) 第 094095 号

话 说 内 蒙 古 · 额 济 纳 旗

HUASHUO NEIMENGGU EJI'NAQI

丛书策划	吉日木图　郭　刚
策划编辑	田建群　张　钧　南　丁　王　瑶　贾大明
本册编著	李　靖
责任编辑	董丽娟　贾大明
责任监印	王丽燕
封面设计	南　丁
版式设计	朝克泰
丛书名题字	马继武
蒙古文题字	哈斯毕力格
出版发行	内蒙古人民出版社
地　　址	呼和浩特市新城区中山东路 8 号波士名人国际 B 座 5 楼
网　　址	http://www.impph.cn
印　　刷	内蒙古恩科赛美好印刷有限公司
开　　本	710mm×1000mm　1/16
印　　张	17.75
字　　数	270 千
版　　次	2018 年 12 月第 1 版
印　　次	2018 年 12 月第 1 次印刷
印　　数	1—4000 册
书　　号	ISBN 978-7-204-15383-1
定　　价	74.00 元

图书营销部联系电话：（0471）3946267 3946269
如发现印装质量问题，请与我社联系。联系电话：（0471）3946120 3946124

《话说内蒙古·额济纳旗》编委会

《话说内蒙古·额济纳旗》编写组

顾　问：永　红
主　编：李　靖
副主编：包秀文
撰　稿：李文清　裴海霞　李倩天　杨　巧　乌楞花尔

总 序

　　内蒙古自治区是我国第一个省级少数民族自治地区。全区共划分为9个地级市、3个盟、2个计划单列市，下辖52个旗（其中包括鄂伦春、鄂温克、莫力达瓦达斡尔3个少数民族自治旗），17个县，11个盟（市）辖县级市，23个市辖区，共103个旗、县、市辖区，首府呼和浩特市。

　　内蒙古东西直线距离2400千米，南北跨度1700千米，土地总面积118.3万平方千米。广袤的土地蕴含着丰富的自然资源：从东到西的森林、草原、沙漠等地形地貌，天然地形成了独特的旅游资源；丰富的煤、铅、锌、稀土、风力等矿产资源和清洁能源，为煤化工产业、有色金属产业、清洁能源产业的发展提供了支撑；地跨"三北"（东北、华北、西北），毗邻八个省区，与俄罗斯、蒙古国接壤，国境线长达4200千米，有建成我国向北开放的重要桥头堡和充满活力的沿边经济带的天然区位优势；依托于气候、优质土壤和草场、水源充足等优势，农牧业的发展已融入现代化建设当中。

　　这是一方自然资源丰富的沃土。它是北方少数民族生息和发展的中心地域，孕育了游牧文明、草原文化，在与农耕文化的不断碰撞中，相互融合，相互促进，共同谱写了中华文明的恢宏乐章。仰韶文化、红山文化是中华史前文化的一部分，战国时期赵武灵王着胡服、学骑射，两汉与匈奴交往、和亲，两晋南北朝的鲜卑建立了雄踞北方的北魏王朝，隋唐与突厥建立了宗藩关系，契丹民族建立了辽代政权，蒙古民族创立了疆域广阔的大元王朝，明清与鞑靼、瓦剌等民族建立了藩属关系——历史上，北方少数民族或雄踞一方与中原交好，或入主中原，在不断风起云涌中铸就了内蒙古丰富、厚重的历史文化魂魄。进入近现代以后，内蒙古也走在抗敌御侮的前沿，为新中国的成立作出了巨大贡献。

　　这份丰厚的历史积淀当中，涌现了诸多杰出人物，他们或是一方霸主，统领一域；或是一代天骄，建万世之基；或是贤良能臣，辅助建国大业；或是时势英雄，救人民于水火；或是在各自领域内创造历史价值的名人雅士。这些人有耶律阿保机、成吉思汗、忽必烈、哲别、术赤、耶律楚材、乌兰夫、李裕智，尹湛纳希、玛拉沁夫、纳·赛音朝克图等等。

物华天宝，人杰地灵。广袤的土地除了养育了一代代的草原人，也成就了它丰富的地域文化：马头琴音乐、呼麦、长调等民族音乐，好来宝、二人台、达斡尔族乌钦等曲艺，安代舞、顶碗舞等民族舞蹈，刺绣、剪纸、民族乐器制作、生活用具制作等传统工艺，蒙医药、正骨术等传统医药医术，婚丧嫁娶等独特的礼仪习俗。内蒙古在音乐舞蹈、民间艺术、文学史诗、传统医药、手工技艺、民俗风情等方面都取得了独有的成就。

悠久历史文化滋养下的内蒙古，在中古共产党的领导下，迈向新的历史征程。内蒙古自治区成立以来，党和国家一直重视内蒙古的发展，也给予各类政策和经济支持。内蒙古也不负众望，各项事业均取得了令人瞩目的成就：经济保持平稳增长，人民的生活水平不断提高；民主法治建设得到有效推动；建立了具有民族特色的教育体系，民族教育水平不断提高；民生改善工作成绩斐然；生态文明建设取得较大成就；四通八达的立体交通网，把内蒙古与世界各地拉近……

纵观几千年历史，内蒙古在历史的长河中扮演了重要的角色，这不仅源于自然条件的得天独厚，也源于草原儿女的自立自强。虽然这片沃土上的民族大多以口耳相传的方式传承着自己的文化，但是仍有不少历史的碎片撒落在当地的史籍当中，这些史料汇集成册，将成为向世人介绍内蒙古的名片。为此，我们组织全区103个旗县（市区）的有关部门和专家学者，借助各地的丰富史料，把散见于各种资料中的人文历史、民俗文化、民间艺术、壮丽风光、当代风采、支柱产业等汇编在一起，编纂出一套能够代表内蒙古总体面貌、能够反映时代特色和文化大区风范的大型读物——《话说内蒙古》，以展示我区经济发展、文化繁荣、民族团结、边疆安宁、生态文明、各族人民幸福生活的六大风景线。

一本书，一支笔浓缩的仅仅是精华中的精华，不足以穷尽所有旗县（市区）的方方面面。若本书为你敞开一扇了解内蒙古之窗，那么，读万卷书不如行万里路，内蒙古将以最大的热情迎接你：

赛拜依——

欢迎你到草原来！

序 一

阿拉善盟位于内蒙古自治区最西端，总面积约27万平方公里，占全区总面积的19.4%。全盟辖阿拉善左旗、阿拉善右旗、额济纳旗3个旗和阿拉善经济技术开发区、腾格里经济技术开发区、乌兰布和生态沙产业示范区、策克口岸经济开发区4个自治区级开发区，辖30个苏木（镇），198个嘎查（村），4个街道办事处和52个社区，总人口24.57万。特殊的区位条件和地理环境孕育了阿拉善丰富的资源和独特的文化。沙漠、戈壁、湖泊、森林等自然资源类型多样，历史文化、民族文化、丝路文化、宗教文化、边塞文化和航天文化交融碰撞，形成丰富多彩、底蕴深厚的阿拉善文化。其中，巴丹吉林沙漠、胡杨林世所罕见，居延文化、藏传佛教文化、蒙古民族民俗文化、丝路文化、航天文化蜚声海内外，共同写就了阿拉善文化的旷世传奇。

阿拉善历史悠久，拥有灿烂的古代文明。阿拉善为历代北方游牧民族放牧生息之地。在历史的长河中，大漠南北、长城内外的各族人民在友好往来、经贸交流和彼此融合的过程中，开创了纵贯东西、横跨南北、沟通中亚、连接西域的草原"丝绸北道"，"居延"就是这条交通线的枢纽；戈壁绿洲、苍茫大漠、古郡重镇、关隘要塞、城堡烽燧、居延汉简，共同绘就和传承了阿拉善地区丰富多彩、雄浑壮丽的历史画卷和独特的历史文化。

历经多次行政区划变更后，1980年，阿拉善盟正式成立，成为内蒙古自治区伴随着改革开放和西部大开发的春风成长起来的年轻盟市。建盟以来，在党的民族政策光辉的照耀下，阿拉善盟各级领导班子高举中国特色社会主义伟大旗帜，团结带领全盟各族干部群众自力更生、艰苦奋斗、与时俱进、开拓创新，走出了一条符合地区实际的科学发展之路。特别是党的十八大以来，全盟上下紧紧围绕率先全面建成小康社会目标，坚持以新发展理念引领经济发展新常态，借力顶层设计，借势深化改革，经济社会发展走上了

"快车道"，续写了新篇章。

阿拉善盟经济发展经历了由建盟初期的"一穷二白"到"九五"至"十一五"的产业兴起的过程，经济发展逐步迈入快速增长期。"十二五"以来，特别是党的十八大以来，经济发展步伐愈加稳健，综合实力显著增强。

弹指一挥间，风雨七十载。70年来，阿拉善人民经历了拼搏奋斗的沧桑岁月；70年来，阿拉善大地发生了翻天覆地的变化；70年来，阿拉善经济和社会得到了突飞猛进的发展。

经过70个春秋的拼搏，在阿拉善这片美丽富饶的土地上，一幅宏伟壮丽的画卷已经初步绘制。展望新时代，我们将深入学习贯彻党的十九大精神，更加紧密地团结在以习近平同志为核心的党中央周围，以习近平新时代中国特色社会主义思想为指导，不忘初心、牢记使命，把新发展理念贯穿于谋发展、抓发展的全过程和各领域，坚持稳中求进的工作总基调，坚持以供给侧结构性改革为主线，按照高质量发展的要求，统筹推进"五位一体"总体布局和协调推进"四个全面"战略布局，坚持创新发展、协调发展、绿色发展、开放发展、共享发展，统筹推进稳增长、促改革、调结构、惠民生、防风险各项工作，引导和稳定预期，加强和改善民生，推动经济社会持续健康发展，为把阿拉善打造成祖国北疆亮丽风景线上的璀璨明珠而不懈奋斗。

"话说内蒙古"阿拉善盟各分册，用通俗的语言和精美的图片讲述了阿拉善盟的历史传承、民俗风情、当代风采、发展趋势等，力求全方位多角度地反映阿拉善盟在方方面面取得的成就，展示阿拉善盟独特的自然风光、浑厚的历史文化底蕴、崭新的精神风采。盼望有更多的人借此书了解阿拉善、走进阿拉善、感受阿拉善，阿拉善各族人民将以最大的热情欢迎八方贵客！

中共阿拉善盟委员会
阿拉善盟行政公署

序 二

中国共产党第十九次全国代表大会召开前夕，适逢内蒙古自治区成立70周年，《话说内蒙古·额济纳旗》一书编写工作完成。本书内容翔实、体例完备、文字精练、图文并茂，讲述了额济纳地区的历史传承、风流人物、民族团结故事、飞天梦想、民俗风情、当代风采、旅游产品、发展方向，特别是讲述了东风航天基地、居延汉简、黑城文书的前世今生，为世人绘制出一幅波澜壮阔、生动传神的画卷。

额济纳旗地处祖国边疆，位于内蒙古自治区最西部。这方饱经沧桑的热土，历史悠久，人杰地灵。早在遥远的新石器时代，居延已有人类生息繁衍，甚至成为东西方新石器文化的连接点，是我国古代文明的发祥地之一。此后，黄帝孕育、大禹治水、穆王西征、老子成仙……这片弱水流沙之地留下了太多的神影仙踪，令人无限神往。先秦以后，北方的月氏、匈奴、回纥、柔然、突厥、契丹、党项、蒙古等各民族相继在这里繁衍生息，共同创造了灿烂的文明，为中华民族的繁荣昌盛作出了巨大的贡献。汉代，这里是举世闻名的"丝绸之路"的北道——草原丝绸之路的枢纽。汉武帝末年，搜粟都尉赵过发明代田法，并首先将这一先进的农耕技术"又教边郡及居延城"。唐朝于同城设置安北都护府，以安置漠北归附的突厥部落，促进了民族融合与团结。"征蓬出汉塞，归雁入胡天。大漠孤烟直，长河落日圆。"西夏皇帝李元昊在居延设置了黑水镇燕军司，使居延成为西夏国十二军司中战略地位极其重要的边郡重镇。蒙古大军在成吉思汗的率领下，横刀跃马、弯弓射雕，一举攻下黑水城，敲响了西夏王朝灭亡的丧钟。清代、民国时期，旅蒙商的驼队曾从这里穿越大漠南北，悠长的驼铃声唤醒了无数人追求幸福和自由的梦想。"鸿雁嗷嗷急归程，天鹅翩翩白云间。茂茂芦苇入望迷，红柳胡杨阔无边。"这是额济纳大地草原风光的真实写照……

千百年来，敦厚善良、勤劳朴实的额济纳人，在征服自然、改造社会、创造财富、创建文明的历史进程中，表现出了坚韧不拔、自强不息的高尚品格。当年的英雄伟绩，散见于典籍史册；今存的文物古迹，遍布于旗境大地。特别是居延汉简、黑城文书，"引无数英雄竞折腰"。"居延"，这一璀璨的名字早已走出国门，成为联系各国人民的纽带与桥梁。近现代史上，在外敌入侵、兵燹匪患的生死存亡之际，额济纳大地上演了一幕幕匹夫尽责、烈士尽忠的悲壮史剧：反对《库伦秘约》，维护祖国统一；驱逐日特匪徒，保卫家乡人民。

中华人民共和国成立后，在中国共产党的领导下，额济纳人自力更生、艰苦奋斗，用勤劳的双手把这片热土建设成各民族同胞紧密团结、共同生活的美好家园。

当历史推进至20世纪50年代末期，十余万人民解放军开进额济纳大地，随着火箭凌云、卫星穿空、《东方红》乐曲响彻云霄，特别是"神舟五号"载人航天飞船的成功升空，实现了中国人千百年来的飞天梦；在茫茫苍穹，中国宇航员手持五星红旗，实现了太空漫步的千年梦想；"嫦娥一号"的绕月飞行，让世人清晰地看到了广寒宫的壮美景色——中国人书写了一首首共和国扬眉吐气、振奋人心的伟大史诗。中国人的志气与力量在额济纳这片神秘的大地上，终于频频"化作惊雷震环宇""再颂雷霆震九天"……

额济纳旗区位优越，资源丰富。1992年，策克口岸开通，距额济纳旗政府所在地仅77公里，东距甘其毛都口岸800公里，西距新疆维吾尔自治区老爷庙口岸1200公里，对外辐射蒙古国南戈壁、巴彦洪格尔、戈壁阿尔泰、前杭盖、后杭盖五个矿产资源较为富集的省区，是阿拉善盟唯一的对外开放国际通道，也是内蒙古自治区西部和陕、甘、宁、青四省区共有的陆路口岸。

今天，额济纳人站在历史发展的新起点上，按照"守望相助、团结奋斗"的要求，深入贯彻落实习近平总书记考察内蒙古时的重要讲话精神，全方位抓好生态保护、文化旅游、口岸开放、国防戍边四个方面重点工作，以打造祖国北疆亮丽风景线为目标，全力以赴调整优化产业结构，凝心聚力加强城乡建设和重大基础设施建设，积极稳妥推动改革创新，不遗余力深化区域开放合作，千方百计保障城乡居民稳定增收，坚持不懈维护社会和谐稳定，努力把额济纳旗打造成"丝绸之路经济带"和"中蒙俄经济走廊"上的璀璨明珠，为建设美丽、富裕、和谐额济纳作出新的更大的贡献。

我们相信，通过《话说内蒙古·额济纳旗》一书，世人会更加了解额济纳、热爱额济纳。

中共额济纳旗委员会书记

额济纳旗人民政府旗长

2017年7月1日

目录 Contents

诗词辑录

后记 /267

沧桑岁月

沧桑岁月
CANGSANGSUIYUE

前121年，中国史籍始见"居延"这一地名。前102年，中原王朝第一次在这里设置军政机构。1038年，西夏在此设立黑水镇燕军司；元世祖时，设亦集乃路总管府；清朝设置额济纳旧土尔扈特特别旗。

建置沿革

早在新石器时代，居延地区就有人类活动。考古工作者在旗境内的瑙琨素木一带发现了远古居民生活的遗址和遗迹，并认定为细石器文化遗存。据史书记载，尧舜时代以前曾经有山戎、猃狁等民族在居延地区活动，生产和生活方式以游牧和狩猎为主。

夏、商、周时期，居延绿洲归属乌孙人；秦朝时期，为大月氏领地；西汉初年，为匈奴牧地。西汉武帝元狩二年（前121年），汉军骠骑将军霍去病入居延攻河西，

巴彦陶来新石器时代遗址

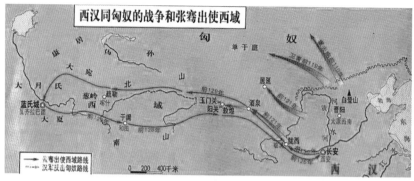

汉军征伐匈奴图

史籍始见"居延"（匈奴语，意为"天"）一词。汉太初三年（前102年），置居延都尉府。东汉汉安帝元初（114—120年）年间，设置张掖居延属国，汉献帝建安（196—220年）末年，改为西海郡，辖居延一县。唐代设安北都护府和宁寇军。1038年，西夏设黑水镇燕军司。元太祖二十一年（1226年），归属蒙古帝国。元世祖至元二十三年（1286年），设亦集乃路总管府。明洪武五年（1372年）后，为漠北鞑靼领主牧地。清乾隆十八年（1753年），设置额济纳旧土尔扈特特别旗。

民国初年，额济纳旧土尔扈特特别旗直属国民政府蒙藏委员会，由宁夏护军兼辖。1928年11月，隶属宁夏省政府管辖。

1949年9月27日，额济纳旗和平解放，初由甘肃省酒泉专署代管。1951年2月，复归宁夏省直辖。1954年11月初，由张掖专署代管；同年11月30日，改隶酒泉专署。

1956年6月1日，划归内蒙古自治区巴彦淖尔盟。1969年9月9日，划归甘肃省酒泉地区。1980年5月1日，划归内蒙古自治区阿拉善盟。

悠久岁月

古弱水河进入这片沙碛之地后便把这里作为终点，孕育了神奇壮丽的额济纳绿洲。额济纳地区作为河西走廊通往漠北的战略要冲，地理位置十分重要，历来就是兵家必争之地。

额济纳地区在原始社会就有人类活动的足迹，是东西新石器文化的连接点，旗境内发现的大量打磨石器就是直接的例证。

古居延人的祖源可追溯到远古时期的狄历。春秋时期居延与义渠戎相邻，并逐渐演变为胸衍戎。《史记·匈奴列传》记载，"秦穆公得由余，西戎八国服于秦"，这八国中就有胸衍戎。《汉书·地理志》记载，秦朝北地郡有胸衍县（今宁夏回族自治区盐池县附近），为秦代以前胸衍戎所居之地。秦穆公在位时期，

甲渠侯官遗址鸟瞰图

西戎屡归屡叛，秦军多次出兵反击，直至秦昭王时才取得决定性胜利。朐衍戎因畏惧秦国，约在战国时代西迁进入居延泽一带。

《山海经·海内东经》记载："国在流沙外者，大夏、竖沙、居繇、月支之国。"居繇系"朐衍"的异名。约在秦末汉初，"居繇"这一名称逐渐演变为"居延"，并沿用至今。

秦汉时期

先秦时期，这里是乌孙人的驻牧之地。秦汉之际，大漠以北的匈奴势力强大，打败月氏等部族，将河西走廊及居延地区作为匈奴驻牧之地。由于战乱，部分居延人离开故土，向西迁徙至今新疆维吾尔自治区哈密西北，建立车延国。车延即为"居延"之异名。

"居延"最初为种族名称，后来随着历史变迁，至匈奴统治时期，逐渐演变为地名、水名和沼泽名。《汉书·武帝纪》"元狩二年（前121年）条"颜师古注文："居延，匈奴中地名也……"《后汉书·明帝纪》"永平十六年（73年）条"李贤注文也沿用此说法。

汉开河西，戎马戍边。为了加强河西四郡及居延地区的防务，汉武帝于太初三年（前102年）征发18万名戍边甲卒，在张掖、酒泉北设置居延、休屠都尉府，并置居延县以卫河西；同时，大量移民垦边，实行屯垦戍边国策，居延地区成为汉匈双方交战的前哨营垒。从太初三年（前102年）起，从内地迁徙而来的广大军民在强弩都尉路博德的带领下，开垦了数万亩良田，修筑了数百座城障亭燧，形成集攻防功能为一体的居延边塞，史籍统称为"居延塞"。西汉王朝经营居延边塞持续120多年。额济纳旗出土的居延汉简就是汉代军民记述屯戍活动的文书档案，也证实了额济纳河流域从西汉起就有了文字记载的历史。

王莽时期（9—23年），将居延改为"居城"，属辅成郡（今甘肃省酒泉市）管辖。建武元年（25年），东汉建立。建武五年（29年），时任武威、张掖、酒泉、敦煌、金城五郡大将军的窦融率部归降东汉

王莽时期货币

王朝，居延边塞依然是抗击匈奴的前线。永平十六年（73年），汉明帝派遣奉车都尉窦固和驸马都尉耿秉出居延塞，北伐匈奴。永元三年（91年），大将军窦宪遣左校尉耿夔出居延，在金微山大破北匈奴，北匈奴从此溃散，迁往中西亚地区。建安年间（196—220年），置西海郡，治所设在居延城，辖居延一县。

魏晋时期

220年，东汉灭亡，中国历史进入魏、蜀、吴三国混战时期。265年，司马炎篡位灭曹魏，建立晋朝，史称"西晋"。西晋时期，居延地区仍沿袭西海郡建制。史料记载，太康三年（282年），西海郡有居民2500多户。

永宁元年（301年），居延地区仍归凉州（今甘肃省武威市）管辖。当时，张轨出任凉州刺史兼领护羌校尉职，治所在姑臧（今甘肃省武威市凉州区）。

建兴二年（314年），张轨病亡，其子张寔继任凉州刺史。建兴四年（316年），前赵刘曜攻破长安，俘虏晋愍帝，西晋灭亡。次年，晋室被迫南迁到建业（今江苏省南京市），史称"东晋"。东晋建立后，凉州名义上受其管辖，实则为割据政权。到张骏、张重华父子统治时期（324—353年），西域诸国先后

归附，前凉达到鼎盛阶段，其疆域"尝南逾河、湟，东至秦、陇，西包葱岭，北暨居延"。

吕光，前秦大将，氐人。早年随前秦王苻坚南征北战，因战功卓著，拜为鹰扬将军、都亭侯。前秦建元十八年（382年），苻坚命吕光为使持节，率十万大军西征。焉耆等国为免遭战乱，纷纷投降，只有龟兹国王帛纯坚守城池，拒不投降。建元二十年（384年），双方在龟兹都城西展开决战，吕光军大胜，斩杀万余龟兹国民，龟兹王帛纯弃城逃走，30余国降附。吕光此役的另一战果是俘获了天竺（今印度）高僧鸠摩罗什。

建元二十一年（385年），得知苻坚已经战败的消息后，吕光接受鸠摩罗什的劝告从西域撤军东归。

鸠摩罗什随吕光到达凉州后，在这里居住了17年。后秦弘始三年（401年），鸠摩罗什入长安，与弟子共同完成了《妙法莲华经》《佛说阿弥陀经》《中论》《百论》等经论的翻译。鸠摩罗什及其弟子所译经论影响巨大，为佛教在中国的传播作出了贡献。额济纳旗的黑城遗址有十分明显的西夏、元代时期佛教盛行的遗迹，这与鸠摩罗什的影响不无关系。

建元二十一年（385年），吕光

鸠摩罗什画像

割据凉州，自封凉州刺史、护羌校尉、酒泉公。吕光得知前秦王苻坚已被姚苌杀害后，于十月宣布改元大安，建立后凉政权，设都姑臧。

据《晋书·鸠摩罗什传》记载，时值姑臧之地刮起罕见大风，鸠摩罗什对吕光说："不祥之风当有奸叛，然不劳而定也。"果然，不久即传来西海郡居延边塞守将王祯反叛的消息。

记载："吕光之王河西也，西海太守王桢叛，郭黁劝光袭之。光之左丞吕宝曰：'千里袭人，自昔所难，况王者之师天下所闻，何可侥幸以邀成功！郭黁不可从，误人大事。'郭黁曰：'若其不捷，郭黁自伏铁钺之诛。如其克也，左丞为无谋矣。'光从而克之。"

当时，从位于额济纳河上游马莲井附近的大湾城、地地湾和肩水金关到居延城的200公里的区域，由于有居延边塞为屏障，很少受到战火的波及。障城和烽燧上有兵士守望，炊烟袅袅，商铺林立。然而，随着后凉大军的入侵，居延繁华安宁的生活场景很快就被打破。

后凉军队攻下居延城后，吕光为了防止再发生类似的反叛事件，决定将西海郡人迁徙到河西走廊诸郡。离开了居延肥沃的耕地和温馨的家园，来到陌生的河西走廊，这些移民自编歌谣来表达对故土的思念："从北方走来的马儿呀，你为何显得那么忧伤？原来是因为心中思念着北方的草原。燕雀呀，你为什么总在天空中盘旋？原来你的巢不在这里，而是在遥远的北方。"不久，移民开始向吕光表达迁回居延故土的诉求。吕光不许，但又怕他们起事，便将居延移民再次迁往乐都。403年，后凉吕隆遭到后秦、南凉、北凉交相进攻，后降于后秦，后凉亡。

后凉军队击败了居延地区"天下所闻"的王者之师，迁走了早在西汉时期就来此屯垦戍边的先民的后裔。

此后，额济纳地区的归属频繁变动，先后隶属北凉、西凉、北魏、西魏、北周等朝。

416年后，北凉和西凉发生激烈交战。最终，沮渠蒙逊攻破酒泉，西凉政权灭亡。期间，已经归附北魏的漠北柔然、高车等部族乘虚而入，占领了居延地区。

418年，北魏帝拓跋嗣自长川诏护漠北高车中郎将薛繁率众北略，至弱水，降者两千余人，获牛马两万余头。

521年，漠北柔然主婆罗门因高车部所逐，率十部落由居延古道入凉州归降，上书请求修缮居延西海郡旧城，赐其居住。北魏帝肃宗诏准。柔然部众的投降，"遂使阴山息警，弱水无尘"。后婆罗门由居延叛嚈哒，居延遂空，重陷荒芜。

西魏时，漠北突厥初起。544年，突厥首领图门始至塞上买卖缯絮。西魏宇文泰从酒泉出发，途经居延出使其部，相约两国交好，共同抗击吐谷浑部。556年，突厥经居延，假道凉州，与西魏合兵于青海，大破吐谷浑部。至北齐、北周时期，两国争相与突厥结好。

560年，北周的第二位皇帝宇文邕登基。为了加强中央集权，北周于561年在居延地区设置了军事机构"同城戍"，驻地大同城。该城位于达来呼布镇东南19公里处，东南距黑城3千米。城墙有内、外两道，因清代、民国时期当地牧民在此圈捉马匹，加之遗址内积有马粪，故而现在称"马圈城"。

隋唐时期

开皇元年（581年），隋朝建立。因突厥常犯边，开皇三年（583年），隋朝在居延地区置同城镇，归西凉州管辖。大业五年（609年），又在居延地"谪天下罪人，配为戍卒，大开屯田，发四方诸郡运粮以给之"。

武德元年（618年），唐朝建立。贞观元年（627年），回纥酋长菩萨沿居延道路至马鬃山，协助唐朝军队大破突厥酋长欲谷设，迫其至天山。后在居延设同城守捉。垂拱二年（686年），唐廷遣左豹韬卫将军刘敬同发河西骑士出居延海，平定同罗、仆固之叛，并迁置安北都护府于同城，纳降突厥。天宝二年（743年），在居延地区设置宁寇军，统领居延军务，有士卒1700人，马500匹。唐代宗大历元年（766年）后，居延地区先后为吐蕃、回纥、契丹占据。

至此，隋唐时期在额济纳河流域苦心经营起来的同城戍、同城镇最终毁于永无休止的战火。

夏元时期

西夏王朝是党项人建立的统治政权。它的疆域范围"东尽黄河，西界玉门，南接萧关，北控大漠，地方万余里"。西夏统辖22个州，包括今天内蒙古中西部的鄂尔多斯市、巴彦淖尔市、阿拉善盟及陕西东北部、宁夏、甘肃、青海东南的广大地区。

宋天圣六年（1028年），西夏国主李德明为巩固政权，决定攻占河西走廊，并由其子李元昊担当西攻重任。李元昊对回纥发动了突然袭击，回纥可汗来不及调集兵力，甘州城被攻破。随后，李元昊又相继攻占了酒泉、安西、敦煌以及居延地区等战略要地。

西夏显道元年（1032年）十一月，李元昊继位。西夏大庆元年（1036年），为进一步消除后顾之忧，阻挡吐蕃和回纥的进犯，西夏开始在居延地区修筑黑水城，移民屯戍。城池建成后，又在这里设置了黑水镇燕军司，承担守卫西夏王朝西北边疆的重任。

据考古发掘和出土文书证实，西夏黑水城就是元朝亦集乃城的前身。已探明的西夏黑水城遗址平面呈方形，叠压在亦集乃城的东北部下方。西夏黑水城的城墙平地起筑，墙体夯筑，每边长约238米，正南设城门，加筑有瓮城、马面、角台等设施。这些筑城的特点与辽、金、元时期边堡关城有许多相似之处，都具有明显的军事性质。

黑水城的修筑以及疏浚河渠、引水灌田等工程的完成，为实现西夏王国"西掠吐蕃健马，北收回纥锐兵"的战略目标奠定了坚实的基础，对进一步开展军事斗争、巩固政权、促进政治经济和文化的繁荣发展有着巨大的作用。

金收国元年（1115年）正月，女真族首领完颜阿骨打称帝，国号大金。金朝的兴起，打破了辽、宋、西夏三国鼎立的局面。金于1125年灭辽，于1127年灭北宋，西夏也被金朝掌控。

随着金朝的衰落，蒙古部落开始壮大，并逐渐脱离金朝的控制。金泰和四年（1204年），蒙古诸部领袖铁木真通过战争统一了蒙古高原各蒙古部落。金泰和六年（1206年）春天，蒙古贵族在斡难河（今鄂嫩河）源头召开库里勒台大会，铁木真被各部落推举为"成吉思汗"。至此，

蒙古帝国正式建立。

西夏天庆十二年（1205年）四月，蒙古军队从黑水城以北的大戈壁南下，沿黑水河攻入河西走廊，纵兵瓜、沙诸州，在西夏国落思城大肆掠夺人口、牲畜后离去。同年，西夏国改都城兴庆府为中兴府（今宁夏回族自治区首府银川市）。

太祖二年（1207年），成吉思汗率大军攻击西夏要塞兀剌海城（今巴彦淖尔市乌拉特后旗境内），因西夏各路军队奋力抵抗，蒙古军队被击退。

经年累月的战争致使西夏国力衰竭，内忧外患，民不聊生，经济趋于崩溃。此时，孤悬大漠的黑水城物资匮乏、补给中断，已陷入粮草不继、朝不保夕的困境。

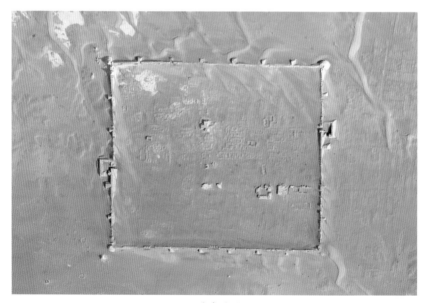

黑城鸟瞰图

据黑城出土文书记载，夏献宗乾定二年（1224年），黑水城一个名叫仁勇的守将以家有77岁高龄老母在堂并患重病为由，呈请议司批转他到就近司院任职。这封请求调离黑水城的呈文，真实地反映了当时黑水城面临的严峻形势。

太祖二十一年（1226年）春，成吉思汗发起了对西夏王朝的致命攻击。蒙古军东路部队攻破兀剌海城后，继续向今河套平原和宁夏平原进攻。蒙古军西路部队攻取敦煌，沿安西、酒泉、张掖和武威等地向河西走廊东进。成吉思汗亲自统兵十万为中路军，于当年正月迅速消灭西夏国黑水镇燕军司驻军。黑水城被攻克后，这里的党项人及兵民并未被迁走，成吉思汗和蒙古军队最初也未在这里设立机构。这种"无政府"状态一直持续了很长时间，直到元朝立国前后派军队驻防和设立亦集乃路之后才结束。

而后，蒙古三路大军会师，经六盘山向西夏都城中兴府进军。七月，蒙古军攻取西凉府。

1227年，西夏末帝李睍在中兴府被围半年后向蒙古军投降，蒙古军遵照成吉思汗遗嘱将其处死。经历了190年的跌宕起伏后，西夏王朝在蒙古大军铁蹄的践踏下，终于土崩瓦解，宣告灭亡。

明清时期

元朝建立后，黑水城被沿用，并且深受统治者的重视。至元二十三年（1286年），元世祖忽必烈为平定海都之乱、解除西北方面的威胁，在黑水故城设置了亦集乃路总管府。"亦集乃"为党项语，意为"黑水"。

由于经济的发展和人口的不断增加，元朝在西夏黑水城的基础上进行了扩筑和改造，在城内修建了总管府衙署等设施。扩建后的亦集乃城，城区面积比原来大了近三倍，城市的防御能力也得到了加强。

亦集乃城内和关厢按区域划分为坊，每坊设一巷长。城内有直通城门的东西大街和南北街巷组成的整齐街道。街道两侧满是店铺，有饭馆、酒店、客栈、钱庄、杂货店、衣帛行、马具作坊等，还有马市、柴市及交换农畜产品的互市场所。达鲁花赤统领亦集乃路，总管、同知、判官等高级官员由蒙古人担任。

元朝从内地迁来很多汉人和蒙古人，利用额济纳河的水利资源开渠造田，与当地人共同发展农牧业。西夏时期的灌溉水渠也得以充分利用。元朝还调集了甘州屯田新军200人在亦集乃开凿合即渠，屯田达90余顷。

这一时期的亦集乃城，农业、

商贸、宗教等各方面都有了较大的发展，不仅城内十分繁荣，城外也有居民区和繁华热闹的街市，已成为这一地区政治、军事、商贸、宗教和文化的中心。

明洪武元年（1368年）正月初四，朱元璋在应天宣布称帝，年号洪武，国号明。

为了彻底肃清北元势力，洪武五年（1372年）正月，明太祖朱元璋派出三路大军：魏国公徐达为征虏大将军，率中路大军由雁门赴和林；曹国公李文忠为左副将军，率东路大军由居庸出应昌；宋国公冯胜为右副将军，出西路。三路并进，各统5万大军，以靖沙漠。西路大军直趋甘肃，冯胜师抵兰州后，即派傅友德为先锋，领5000骑兵直趋凉州，自己则率大军随后跟进。

冯胜画像

傅友德率骑兵到凉州附近时，遭到北元军的抵抗，在明军的猛烈攻击下，北元军败退，弃城逃往永昌方向，凉州城遂被明军占领。明军继续追击，来到永昌县。这时，冯胜也率领大军赶到，与傅友德会合。冯胜命陈德、傅友德一路追击，将北元军合围于别驾山，"俘斩万计"。这次战役，驻守河西走廊的北元军主力基本被消灭。冯胜和陈德留下来打扫战场，缴获了大量牲畜和战利品，遣散、处置抓获的平民和士兵，安排军队镇守攻下的城池。

傅友德则奉命率领骑兵继续西进，经临泽、高台，一路上再未遭遇有效抵抗。六月初三，肃州（今甘肃省酒泉市）守将上都驴得知明军到来，亲自带领手下所有官吏和800多户居民到城外迎接，肃州城被明军和平接管。随后，冯胜也赶到肃州，安抚归顺的军民。

六月十一，傅友德率骑兵驰抵亦集乃城下。

接下来这里发生了什么，史料中没有记载。唯一见证过这一切的，只有迄今依然矗立在戈壁中的亦集乃路故城——黑水城。

虽然无法得知当年这里发生的一切，但事情的最终结果却是难以更改的：

城内的衙署、寺庙及其他房屋

都被大火焚毁，城外繁华的居民区、街巷一并消失殆尽。

额济纳河改道，亦集乃城军民开垦耕种的农田因此荒废。

遍地可见各种陶器碎片和保存完好的磨盘、石碾，但它们的主人却不知去向。

城内、城外的地面上散落着大量的人、畜碎骨，至今仍依稀可见。

城西北角佛塔群附近的北城墙上有个人工开凿的大洞。

不知道在这里停留了多长时间，傅友德率领骑兵向位于正西方向的安西、敦煌奔去。他此行的收获同样是巨大的——"至瓜、沙州，获金银印及杂畜二万而还"。据此推测，傅友德从马可·波罗笔下"颇有骆驼牲畜"的亦集乃城缴获的牲畜数量应该比瓜、沙二州的要多很多。

据《额济纳旗志》记载，洪武五年（1372年），明朝军队攻打亦集乃城时，"岐王多尔济巴勒遁去，另一守将卜颜帖木尔献城投降"。

战争的破坏与环境的变迁导致亦集乃城被明朝统治者彻底废弃，当年的繁华与喧嚣永去不返。最终，亦集乃城成为一片废墟，只留下了无数的传说。

自此以后的三百多年间，额济纳地区作为明朝边外的荒芜之地，饱受战乱之苦，这种局面一直持续到蒙古土尔扈特部入主额济纳绿洲。

蒙古土尔扈特部是厄鲁特蒙古四部之一。明朝崇祯年间，土尔扈特部首领——和鄂尔勒克因与准噶尔部巴图尔珲台吉相处不睦，带领众部离开了原来的牧地塔尔巴哈台，经过哈萨克草原，越过乌拉尔河，来到伏尔加河下游驻牧。实际上，和鄂尔勒克为了寻找新的迁徙地点，早在1618年就曾指派忠实可靠的手下去黑海沿岸和伏尔加河下游一带作了考察，在确定了这一带的确是未被任何人占领的无主之地后才决定举部西迁。在西迁之前，和鄂尔勒克于1628年向"四部联盟"的盟主达尔加通报了准备西迁的计划。次年，和鄂尔勒克率部众五万帐，历经千辛万苦，于1630年到达俄罗斯境内的伏尔加河流域，与俄国为邻。最初，俄国与土尔扈特部进行互市贸易，土尔扈特部也应俄皇请求，帮助其出兵打仗。后来，土尔扈特部的势力渐渐衰落，俄国遂把土尔扈特役为属部。由于土尔扈特部在风俗习惯、宗教信仰等方面都与俄国不同，虽"受其役属，而心不甘，恒归向中国"。

从顺治十二年（1655年）开始，蒙古土尔扈特部就不断派人到清朝"奉表入贡"。康熙九年（1670年），阿玉奇称汗，在其执政的五十多年间，土尔扈特部与清朝政府的往来更加密切。

康熙三十七年（1698年），阿玉奇派阿喇布珠尔为特使，偕同阿玉奇的孙子厄里克格以及阿喇布珠尔的母亲、妹妹及儿子丹忠，率500名精兵护卫，从驻地玛努托海出发，赴西藏熬茶礼佛并拜谒达赖喇嘛。厄里克格的使命则是随队到新疆后分道，经嘉峪关前往京城向康熙皇帝请安并进献大青马一匹后原路返回。

由于时局动荡，阿喇布珠尔一行礼佛完毕后便匆匆离开拉萨，经青海到新疆准备前往伏尔加河流域时，才得知准噶尔部首领策妄阿拉布坦因"散扎布事件"与阿玉奇汗彻底交恶，阿玉奇的孙子厄里克格在完成使命返回时，途经准噶尔部领地时被策妄阿拉布坦残忍杀害。已经开辟多年的土尔扈特—哈萨克—准噶尔—嘉峪关—京城的贡路就此被完全阻断。

据《清史稿·地理志》记载："康熙四十二年（1703年），其汗阿玉奇之嫂携其子阿喇布珠尔入藏礼佛，准噶尔阻其归路，乃款塞乞内属，赐牧色尔腾。"又据《蒙古游牧记·卷十六》记载，阿喇布珠尔自唐古特还，以准噶尔道梗，留嘉峪关外，遣使至京师乞内属。清朝政府悯其

无归，于康熙四十三年（1704年），诏封阿喇布珠尔为固山贝子，赐牧色尔腾。以正式受封为标志，阿喇布珠尔成为蒙古土尔扈特部回归祖国的先驱，也是额济纳土尔扈特部的始祖。

康熙五十五年（1716年），因感恩朝廷派员远赴伏尔加河流域慰劳叔叔阿玉奇和父亲那扎尔马木特，并得知叔叔和父亲向康熙皇帝提出"切勿遣归"的请求，已经受封固山贝子12年的阿喇布珠尔"奏请从军效力，诏率兵五百驻噶斯。旋卒，子丹忠袭"。

丹忠即位后，又继续率部协同清军征讨准噶尔。因英勇善战、战功显赫，雍正七年（1729年）丹忠奉诏进京，由贝子晋升多罗贝勒。

雍正九年（1731年），丹忠的属下莫尔根绰尔济叛附准噶尔，丹忠惧怕被准噶尔侵并，求内徙。陕甘总督查郎阿即令其携戚属游牧于阿拉克山等处，同年，寻定牧于额济纳河。额济纳绿洲终于迎来了新主人。

乾隆五年（1740年），丹忠卒，在位24年。同年，其子罗卜藏达尔加袭职。乾隆十八年（1753年），授札萨克印，编一旗，因所部"以来归在先，故称旧土尔扈特"。

乾隆三十二年（1767年），罗

卜藏达尔加卒。同年，旺扎勒车凌（罗卜藏达尔加长子）袭任札萨克，在位43年，是土尔扈特部在位时间最长的王爷。

嘉庆十五年（1810年），旺扎勒车凌卒。同年，东德布才仁（旺扎勒车凌次子）袭任札萨克，在位2年。

嘉庆十七年（1812年），巴雅尔莽奈（东德布才仁之子）袭任札萨克，在位29年。道光二十一年（1841年）卒。同年，达什车凌（巴雅尔莽奈之子）袭任札萨克。

据《清史稿》记载："光绪五年（1879年），大学士陕甘总督左宗棠为（额济纳旗旧土尔扈特部）请恤。十二月，赠（丹津）郡王衔，予恤银一千一百两。"

光绪十八年（1892年），丹津卒，在位13年。同年，乌勒哲巴勒达尔呼袭任郡王，在位7年；光绪二十五年（1899年）三月，因病被废黜。同年十二月，达什袭任郡王。1913年，达什觐见大总统袁世凯，被册封为多罗郡王，加亲王衔。1930年，达什病逝，在位31年。

民国时期

民国19年（1930年）6月6日，达什郡王长子图布辛巴雅尔袭任郡王，人称"图王"。

同年，宁夏省政府派遣袁成恒等五十余名官兵进旗，驻扎在额济纳旧土尔扈特特别旗老西庙，欲进行屯田。此举在旗官府及百姓中引起强烈反对，他们认为驻军屯田会破坏草场，会对畜牧业造成威胁，要求宁夏省政府撤军。后宁夏省政府撤回袁成恒部。

图布辛巴雅尔郡王执政的八年间，额济纳旧土尔扈特特别旗建立了地方武装——由30人组建3个班，分别驻扎巴彦宝格德、乌兰川吉和赛日川吉。士兵佩火枪、自备乘骑，旗里从税收中支付每人每月5块银圆。

民国25年（1936年），额济纳旧土尔扈特特别旗防守司令部成立，首任防守司令由图布辛巴雅尔郡王兼任，驻达来呼布北。

民国26年（1937年），国民政府派李才桂率三百余名官兵进旗，分驻巴彦陶来、东庙、老西庙等地，以防范日军侵入。

国民政府军事委员会在额济纳旧土尔扈特特别旗老西庙设立军事专员办事处，由军事专员、副专员、秘书各一名组成，下设总务、军事、调查处，另有一个卫士班。专员办事处的主要任务是处理全旗军事、政治事务。

民国27年（1938年），额济纳旧土尔扈特特别旗防守司令在巴彦陶来、陶日茨、策克、查干德勒、沙日乃拉吉格、当乌淖尔、青山头、古日乃、沙日陶勒盖和巴彦宝格德设10个边（哨）卡，每一边（哨）卡驻守士兵2～3名。

1938年，国民党胡宗南部第一九一师——五团进驻额济纳旧土尔扈特特别旗旗老西庙一带。不久，——五团扩编为第十八旅，有官兵1700余人。民国36年（1947年），第十八旅部队半数调往酒泉，所余部队于1949年春撤走。1949年9月，额济纳旧土尔扈特特别旗和平解放。

从此，额济纳旗掀开了历史的新篇章。

守望相助

HUASHUONEIMENGGUeji'naqi

守望相助

SHOUWANGXIANGZHU

从万里东归、和平起义，到三迁旗府、"神舟"飞天，这里的一举一动都牵动着中华儿女的心。

东归先驱

额济纳旗旧土尔扈特部是卫拉特蒙古四部之一，克烈部首领翁罕的后裔，原游牧于塔尔巴哈台（今新疆维吾尔自治区塔城市）、雅尔（今哈萨克斯坦乌拉扎尔）一带。17世纪20年代末，土尔扈特部首领和鄂尔勒克率部约5万帐20万人，沿额尔齐斯河西迁至人烟稀少的伏尔加河下游玛努托海。

清康熙三十七年（1698年），蒙古土尔扈特部首领阿玉奇汗指派阿喇布珠尔以赴西藏熬茶礼佛为名，打探清政府对其回归的态度。阿喇布珠尔与母亲、妹妹率500兵丁和一部分部众（计13个家族），从土尔扈特部聚居地玛努托海出发，到达西藏大昭拜见达赖喇嘛。五年后，阿喇布珠尔一行准备返回伏尔加河下游玛努托海时，恰逢准噶尔部策妄阿拉布坦与阿玉奇汗结仇，归途被堵。阿喇布珠尔派遣特使进京觐见

阿喇布珠尔屯戍之地

《东归先驱》画卷

康熙皇帝，求赐牧地。康熙四十三年（1704年），清廷赐阿喇布珠尔阿尔金山以东、嘉峪关以外的党河、色尔腾、马海一带（今甘肃省肃北蒙古族自治县境内）为其牧地，并册封阿喇布珠尔为固山贝子。阿喇布珠尔成为额济纳旧土尔扈特部始祖。

康熙五十五年（1716年），清政府整军备战以防备策妄阿拉布坦叛乱，命令土尔扈特部首领阿喇布珠尔率兵丁500从军效命，驻防噶斯（今青海省境内西北）。不久，阿喇布珠尔患麻疹去世，其子丹忠袭承固山贝子爵位。

噶斯湖

当年迎接阿喇布珠尔的山口

雍正七年（1729年），固山贝子丹忠进京，清廷晋封丹忠为多罗贝勒。雍正九年（1731年），丹忠部下莫尔根绰尔济叛变，投靠噶尔丹策凌。丹忠为避免准噶尔部侵袭，请求清廷准许土尔扈特部迁徙至嘉峪关内。经陕甘总督查郎阿同意，丹忠携其部众初牧于阿拉克山、阿拉腾特布西一带。后因牧地狭窄，丹忠又复请移牧于额济纳河流域。朝廷同意后，丹忠率众进入额济纳草原。从此，额济纳旧土尔扈特部定牧于额济纳河。

清乾隆五年（1740年），多罗贝勒丹忠去世，其子罗卜藏达尔加继位。

噶斯敖包山顶

21

建旗立制

乾隆十八年（1753年），清政府正式设置额济纳旧土尔扈特特别旗，授予罗卜藏达尔加札萨克印鉴，旗王府驻地威远营。因额济纳旧土尔

额济纳旗札萨克大印

额济纳旗札萨克大印（印面）

扈特部直隶清廷理藩院，受陕甘总督辖制，故称"特别旗"。此为额济纳建旗之始。罗卜藏达尔加为额济纳旧土尔扈特特别旗首任札萨克。

拥护共和

1913年，针对外藩蒙古刮起的"独立"风潮，额济纳旧土尔扈特

特别旗札萨克、郡王达什致函甘肃省都督赵惟熙，并致电大总统袁世凯，表示坚决拥护共和体制，反对《库伦密约》，积极维护祖国统一和民族团结。

是年十二月，达什郡王进京晋谒大总统袁世凯，民国政府册封达什郡王加亲王衔。抗日战争爆发后，德穆楚克栋鲁普之流一面煽动"蒙古独立"，一面卖身求荣，投靠日本。与此同时，额济纳旧土尔扈特特别旗各族群众积极协助国民军擒获日军特务，投身抗日救国的大业。

达什郡王（左）与王子图布辛巴雅尔

马仲英安民布告

擒获日特

1931年"九一八事变"后，日本侵占东北三省，由于国民党政府采取不抵抗政策，内蒙古东部地区也随之沦陷，民族灾难空前深重，社会动荡，民不聊生。额济纳旧土尔扈特特别旗地处战略要地，日军视其为可直控河西、轰炸兰州、隔断新疆、切断中苏联系之地，多次派遣特务到额济纳旧土尔扈特特别旗刺探情报。

1935年下半年，日军特务乃日布、桑杰扎布持伪蒙政会主席德穆楚克栋鲁普的介绍信，经定远营、拐子湖和古日乃湖，潜入额济纳旧土尔扈特特别旗，直接与图布辛巴雅尔郡王联系。

1936年4月，日军特务处主任池田、江崎寿夫、高筹等十余人侵入额济纳旧土尔扈特特别旗。日军特务在王府附近修建简易机场，供飞机起落，并强迫旗民用骆驼为其驮运粮食、武器、油料。日军陆续派遣到额济纳旧土尔扈特特别旗的人员达五十余人，其给养和武器也先后用骆驼、汽车和飞机运到。不久，日军侵占赛日川吉喇嘛庙的拉布楞作为仓库，妄图建立空军基地。

1936年冬，深受图王信任的苏剑啸与阿木梅林经过周密计划、精心部署，将外来藏族喇嘛雷德唐兀特安插进寺庙。他们里应外合，一举炸毁日军弹药库，给日军造成沉重打击。

1936 年的达西却令庙 范长江／摄影

日军飞机场遗址

同年，在中国共产党的号召下，建立全国抗日民族统一战线的呼声日益高涨，国民政府命令宁夏省民政厅厅长李瀚园和当时驻防宁夏省的国民军第二十五师副师长杜聿明到额济纳旧土尔扈特特别旗，劝令日军特务撤离。李、杜二人正拟转道绥远（今呼和浩特市），由绥新公路赴东庙（旗王府驻地）时，适逢"西安事变"发生，行动遂告停止。

1937年3月，国民政府再次电令宁夏省派李瀚园速赴额济纳旧土尔扈特特别旗驱逐日军特务。4月，马鸿逵派遣随员乘坐卡车送李瀚园等人到兰州；又由甘肃省主席贺耀祖送李瀚园到酒泉，并命酒泉马步康派队护送李瀚园入旗。6月下旬，李瀚园等五十余人乘驼沿弱水北进入额济纳旧土尔扈特特别旗。7月7

日，李瀚园等人到达旗王府驻地东庙，拜会旗札萨克图布辛巴雅尔郡王和塔旺嘉布（又称"塔王"）。图、塔等人以及旗府官民控诉日军特务强派劳工、奸污妇女、抢夺财物等

贺衷寒关于抗日方略的提案（1）

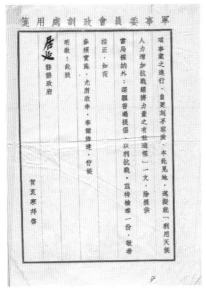

贺衷寒关于抗日方略的提案（2）

7月中旬，李瀚园、马步康在酒泉得知另一日特机关派员押解着满载航空汽油的驼队，途经宁夏省磴口县（今隶属巴彦淖尔市）北、巴音毛道、定远营、古日乃、马鬃山等地赶赴安西，拟在这一线逐渐设立军用航空站，建立德日航空联络点，切断中苏国际交通线的消息后，迅速上报。同时，又派部队前往古日乃堵截，活捉了日军特务横田等三人以及数名奸细，截获百余峰骆驼及运载的全部物资。

种种暴行。当晚，李瀚园拘押了盘踞在东庙的日军特务江崎寿夫、大西俊仁、松本平八郎等十人和四十余名汉奸，后分批押往兰州判决。

在额济纳旧土尔扈特特别旗爱国人士的大力支持与协助下，日军的特务机关被一举捣毁，日寇伸向额济纳旧土尔扈特特别旗的魔爪就此被斩断。

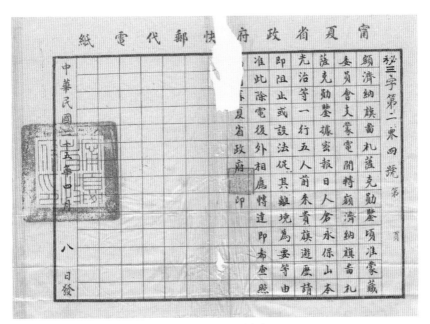

宁夏省政府对日谍命令

和平起义

1949年4月21日，人民解放军百万雄师强渡长江。4月23日，南京解放，蒋家王朝宣告灭亡。8月26日，解放军第一野战军攻克兰州，随后以风卷残云之势相继解放银川、西宁等城市，大举歼灭固守西北的国民党顽敌，取得西北战场的胜利。与额济纳旧土尔扈特特别旗毗邻的酒泉、金塔、鼎新等县和阿拉善和硕特特别旗先后和平解放。

由于早年受到中共地下工作者苏剑啸、周仁山等人革命思想的启蒙和熏陶，额济纳旧土尔扈特特别旗札萨克兼防守司令部司令塔旺嘉布顾全大局、顺乎民意，做出和平起义的决定。9月23日，在收到阿拉善和硕特旗札萨克达理札雅的和平通电后，塔旺嘉布等人更加坚定

了和平起义的决心。9月26日，塔旺嘉布召集地方军政要员开会，秘密商讨和平起义事宜。参加会议的有牛顿（管旗章京、防守司令中校参谋主任）、嘎瓦（梅林章京、防守司令部军需处中校主任）、达瓦（副参领、防守司令部军需处中校主任）、罗虎（苏木章京、防守司令部骑兵大队中校队长）、三伯英（佐领、防守司令部秘书处中校主任）、李政德（防守司令部秘书处少校秘书）、胡瑞生（防守司令部军需处少校）等人。会议通过了脱离广州国民政府、接受中国共产党领导的决议，并决定派出洽谈小组与解放军联系起义事宜。

会后，由李政德草拟起义电文，定于1949年9月27日正式通电起义。其中一封电文发给阿拉善和硕特旗札萨克达理札雅，由他转呈驻守银川的人民解放军第十九兵团司令员杨得志，并请求其代呈毛泽东主席和朱德总司令，通电全文为：

北京中共中央毛主席、朱总司令：

我为迎接新的胜利，为了适应国情，为促成新中华人民共和国的及早成立，今代表额济纳特别旗全体人民，即日起与广州国民党政府脱离关系，衷愿接受北京人民政府领导，请速派员亲临指导，并祝毛主席健康，中国人民政治协商会议成功。

和平起义通电

额济纳札萨克兼防守司令 塔旺嘉布
　　　　九月二十七日叩

另一封电文发往酒泉，通过兰州转送宁夏。通电全文为：

伟大的毛泽东主席、总司令朱德、人民解放军：

我们少数民族的额济纳旗，甘心情愿在您的领导下忠诚服务，我们非常希望和平解放，向尊敬的您们特发此电。

额济纳旗特别旗 塔旺嘉布等
　　　　一九四九年九月

次日，塔旺嘉布委派张宏林、达瓦、塔斯木乘车前往酒泉（原拟赶赴张掖）与解放军商谈起义事宜。到酒泉后得知已解放，三人赶制了一面锦旗，赴酒泉专署向专员刘文山和人民解放军某部毛参谋敬献，并汇报了额济纳旧土尔扈特特别旗通电和平起义、国民党在额济纳旧土尔扈特特别旗军政力量及地方治安等情况，三人受到热情的欢迎和接待。

杨得志司令员接到电文后，当即指示达理札雅复电塔旺嘉布："请塔旺嘉布组织当地群众安心生产，部队照常执行任务，不要相信谣言，保证社会安定。"并由兰州方面电示酒泉军管会负责接收额济纳旧土尔扈特特别旗军政事宜。

1949年10月下旬，酒泉军管会研究部署后，委派秘书白万智（又名白万治）、科长常昆、连长李某等人率50余名解放军战士，在张宏林等人的陪同下先后进旗工作。他们在加强社会治安、清除土匪和国民党散兵的同时，加紧安排部署新人民政府成立的各项筹备工作。11月5日，在达来呼布镇召开全旗各族各界人士参加的"庆祝额济纳旗自治区人民政府成立和实现和平解放大会"。会上，由塔旺嘉布介绍起义情况，转达中国共产党及军区首长对全旗人民的关怀，要求全旗人民团结一致，努力工作，共同建设新额济纳旗。随后接管代表对全体起义人员进行嘉勉；宣布额济纳旗自治区人民政府即日起成立，由塔旺嘉布任人民政府主席，牛顿任副主席，其他起义人员保留原职；

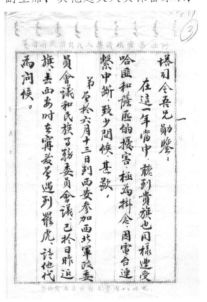

达理札雅致塔旺嘉布信函（1）

达理札雅致塔旺嘉布信函（2）

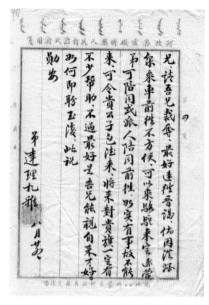

达理札雅致塔旺嘉布信函（4）

达理札雅致塔旺嘉布信函（3）

改编原防守司令部骑兵大队为保安队，达瓦任大队长。

从此，额济纳旗获得新生，揭开了历史新篇章。

平息匪患

1949 年 11 月底，德穆楚克栋鲁普、李守信率残部 3000 余人从阿拉善旗西入额济纳旗拐子湖地区。其中，300 多名匪徒在匪团长韩沙格拉扎布的带领下，进入旗境内烧杀掠夺，无恶不作。1950 年春，驻守酒泉的人民解放军南北夹攻，将这股匪徒追至马鬃山一带彻底消灭。

1949 年德李土匪盘踞地

德李土匪盘踞地的人工建筑残迹

1949年冬至1950年春，60余名乌斯曼匪徒多次或南沿额济纳河，或西逾马鬃山入旗劫掠。据记载，乌斯曼匪徒在额济纳旗自治区抓走牧民2人，打死、打伤6人，抢走骆驼近700峰、牛马500头（匹）、小畜数百只以及其他财物若干。1949年11月1日，乌斯曼匪徒枪杀了从额济纳旗自治区前往鼎新的邮运员阎庭有。在人民解放军和旗保安队的打击下，1950年6月，额济纳旗自治区彻底平息匪患。

三迁旗府

从老西庙搬迁到赛汉陶来

1949年11月5日，额济纳旗自治区人民政府成立。1951年9月，人民政府驻地由达来呼布迁至老西庙。1953年9月，额济纳旗自治区人民政府驻地由老西庙迁至赛汉陶来。

从赛汉陶来搬迁到宝日乌拉

1957年2月21日，额济纳旗人民委员会向巴彦淖尔盟人民委员会上呈了《为报旗级机关迁址基本建设工作问题及我们的意见》的报告，提出："为适应我旗今后政治、经济、文化事业发展之需要，由现旗级机关的住址——建国营（道劳卧铺）迁至青山头（宝日乌拉），将此业经旗第一届三次人民代表大会讨论通过，并以（56）建字第276号之报告在案。"

至此，额济纳旗人民政府（人民委员会）驻地确定为宝日乌拉（今东风航天城）。据旗档案馆档案记载，驻地确定后，额济纳旗人民政府开始采购基建材料，在宝日乌拉的布格（东风航天城北的旗政府旧址）实施土建工程。

1958年初，土建工程基本完工，额济纳旗妇联、团委等部分机关迁至宝日乌拉，旗人民政府也准备搬迁。就在此时，接到了停止额济纳旗政府搬迁的通知。

从宝日乌拉搬迁到达来呼布

1958年5月1日，中共巴彦淖尔盟委员会书记巴图巴根致电自治区主席乌兰夫："这次在额济纳旗境内国防建设所需用之面积，除额济纳旗第一、三苏木靠近甘肃省金塔县（鼎新）的部分山区、南戈壁地区外，该旗一、三苏木全部草场已被占用，该旗地区已被分割两处，据此情况，我们认为额济纳旗行政区划有重新考虑的必要。"同日，额济纳旗移民工作委员会党组

额济纳旗旧址纪念碑

就《额济纳旗移民工作的初步意见》上报中共巴彦淖尔盟委员会书记杨力生，并转报乌兰夫主席，表示为了国防建设的需要，保证按期完成额济纳旗各项迁移工作。拟于5月15日前将青山头旗级、苏木级各单位及农场、饲料基地迁完；6月15日前将一苏木197户牧民及1个喇嘛庙全部迁完，9月底结束移民工作。同时，需为未迁移的300户牧民及喇嘛建造住房750间和喇嘛寺庙、住房80间，以及还畜圈、暖棚。为妥善安置迁移牧民，经勘查，计划将一、三苏木牧民全部安插在四、五苏木内。

马鬃山旧址

东风礼堂

5月12日，中共内蒙古自治区委员会、内蒙古自治区人民委员会做出同意在额济纳旗宝日乌拉地区进行国防建设的决定。

5月至9月中旬，巴彦宝格德和依如布拉格两个苏木的机关、牧民进行了搬迁。第一批搬迁工作于5月29日至6月中旬完成；第二批搬迁工作在合作化的基础上，于9月10日至25日进行。两批搬迁共涉及260户1112人，牲畜70381头（只）。

6月10日，额济纳旗人民委员会发出《关于额济纳旗机关基建地址变更的通知》，决定放弃在策克附近选址，而是把吉日嘎郎图苏木的达来呼布一带作为额济纳旗新的政治、经济、文化中心进行基本建设。

1959年7月1日，额济纳旗达来呼布镇基本建设工程正式开工。1959年10月，额济纳旗人民政府由赛汉陶来迁址至达来呼布。

额济纳旗的牧民赶着畜群离开了世代居住的热土，把额济纳旗最好的草场贡献给了祖国的国防和航天事业。

宝日乌拉1958年搬迁牧民返乡观光那达慕暨巴音宝格德原生态文化旅游节
2010.7.3

风云人物

HUASHUONEIMENGGUeji'naqi

风 云 人 物
FENGYUNRENWU

胸藏万甲、横扫沙场的戎马之士与学富五车、激扬文字的大师学者共同描绘了额济纳大地的七彩画卷。

古代人物
霍去病

生于前 140 年，卒于前 117 年。西汉名将、军事家，河东平阳（今山西省临汾市西南）人。为人聪颖，精于骑射。汉武帝元朔六年（前 123 年），任侍中，率 800 精骑随卫

霍去病雕塑

青出征匈奴。因战功过人，封冠军侯。元狩二年（前 121 年），汉军乘胜对河西匈奴发起第二次进攻。骠骑将军霍去病率领万余精锐部队，从北地郡（治所在今甘肃省庆阳县）出发，越鸡鹿塞，跋涉千里，到达居延地区。

此间，霍去病在黑河流域与河西匈奴主力展开决战，杀敌 3 万余人，取得决定性胜利。经此一役，汉军控制了河西地区，打通了汉通往西域的道路。元狩四年（前 119 年），霍去病又与卫青共同击败匈奴主力。汉武帝感其功高，欲为其建造府第，霍去病拒绝道："匈奴未灭，何以家为？"霍去病前后 6 次出击匈奴，保卫汉朝诸郡的安定。

路博德

西汉将领，生卒年不详，西河平州（今山西省吕梁市离石区）人。汉武帝时任右北平太守。元狩四年

35

路博德雕塑

《李陵、苏武诀别图》

（前119年），因随霍去病出征匈奴有功，封邳离侯。元鼎五年（前112年），汉武帝封路博德为伏波将军、杨仆为楼船将军，命二人率军平定南越叛乱。后路博德因罪被剥夺爵位。

太初三年（前102年），汉武帝在酒泉、张掖以北设置居延、休屠（今甘肃省武威市附近）都尉府，并派遣18万名戍边甲卒驻守，以保卫酒泉、张掖。同年，筑居延城。因战略地位重要，汉武帝擢用前伏波将军路博德为居延强弩都尉，命其筑遮虏障、构筑要塞、烽燧等一系列军事设施。路博德屯戍居延，后死于此地。

李 陵

出生年份不详，卒于前74年，陇西成纪（今甘肃省天水市秦安县）人，西汉著名将领李广之孙。李陵少为侍中，善骑射，曾率少量精兵出居延，深入匈奴境内侦察。武帝嘉奖其勇，拜为骑都尉，领勇士5000名，教射于酒泉、张掖。

天汉二年（前99年），匈奴攻打汉军，汉武帝宣召李陵御敌。李陵请愿以少击众，受到武帝嘉奖。九月，李陵率5000名步卒出居延塞，行军30日到达浚稽山，与匈奴单于数万精锐骑兵交战。李陵率众且战且退，杀伤匈奴近万人。由于寡不敌众，又得不到居延都尉路博德的支援，李陵兵败被俘。汉武帝听信谗言，将李陵全家横加屠杀，李陵被迫投降匈奴。单于以女妻之，立为右校王。李陵在匈奴二十余年，每与汉军交战，或退或败，不肯力战，后病逝于匈奴。

耿 夔

东汉将领，生卒年不详。字定公，扶风茂陵（今陕西省兴平市）人，少有胆决。永元初，为车骑将军窦宪假（代理）司马，随军北击匈奴。永元三年（91年），为大将军左校尉。复出河西，进至居延，率800精锐骑兵，出塞后直赴匈奴单于庭，在金微山斩杀匈奴阏氏、名王以下5000余人，仅单于与数骑脱逃。耿夔出塞5000余里凯旋，为两汉北伐匈奴以来的空前大捷。耿夔也因功被封为粟邑侯，晋升中郎将。汉安帝时，汉军出击匈奴南单于，耿夔为先锋，因功升度辽将军。后因罪免官，死于家中。

张 雅

东汉末期武威郡太守。汉献帝建安年间（196—220年），上书朝廷请置西海郡，辖居延一县，得到东汉王朝的批准。

王 祯

后凉时期西海郡太守。因不满吕光独裁，率"天下所闻"的居延军队起兵反吕，终因寡不敌众而失败。居民全部迁到河西走廊，后又迁往青海乐都。

菩 萨

回纥酋长，又名安菩，粟特人。唐贞观元年（627年），菩萨率兵沿居延古道至马鬃山，大破突厥首领欲谷设，并追至西域天山。后为六胡州大首领。麟德元年（664年），菩萨去世。1981年，菩萨之墓在洛阳龙门附近的邙山被发现。墓穴中出土的《唐故六胡州大首领安君墓志》解开了他的身世之谜："君讳菩，字萨，其先安国大首领。破匈奴卫帐，百姓归中国。首领同京官五品，封定远将军，首领如故。曾祖讳钵达干，祖讳系利。君时逢北狄南下，奉敕遄征。一以当千，独扫蜂飞之众。领衔帐部落，献馘西京。不谓石火电辉，风烛难住。粤以麟德元年十一月七日，卒于长安金城坊之私第，春秋六十有四。"据此推断，隋唐时期，粟特人的一个部落曾在居延定居过很长时间。因在唐初开疆拓土中战功卓著，许多粟特人得到朝廷赏识，晋官封爵。后来，粟特人安禄山发动"安史之乱"，各地的粟特人也被迫卷入战火之中。叛乱被平息后，粟特人遭到清算。为了隐瞒身份，一些王公贵族或改名换姓，或尽力突显家族与汉人联姻后的血缘关系。最终，粟特人消失在了茫茫人海中。

刘敬同

唐代将领，生卒年不详。垂拱二年（686年），武则天派遣左豹韬卫将军刘敬同征发河西骑士，出居延塞，大破铁勒族的同罗、仆固部落。

之后，刘敬同奉敕令设置"安北都护府"，治所设在同城（今额济纳旗境内马圈城），以安置漠北突厥归附者。

冯胜

明初大将，出生年份不详，卒于1395年，安徽定远人，名国胜，又名守异。雄勇多智略，喜爱读书，精通兵法。明洪武五年（1372年），指挥陈德、傅友德攻占河西，围困亦集乃路总管府治所黑城，采用筑坝断水战略，迫使亦集乃路总管府守将卜颜帖木尔投降。班师回朝后，冯胜被授为特进荣禄大夫、右柱国、同参军国事，封宋国公。明太祖晚年，冯胜因功高备受猜忌，于洪武二十八年（1395年）被赐死。

卜颜帖木尔

元朝亦集乃城守将。明洪武五年（1372年），明将冯胜率军围攻黑城。在亦集乃路总管歧王朵儿只班逃走，外无救兵、内无粮草的情况下，卜颜帖木尔投降明军。后来，卜颜帖木尔据守黑城的历史被当地土尔扈特蒙古人演绎为《黑将军的传说》。

阿喇布珠尔

出生年份不详，卒于1716年。系蒙古土尔扈特部王公纳扎尔玛穆特之子。清康熙三十七年（1698年），纳扎尔玛穆特的夫人携阿喇布珠尔及500余部众，从伏尔加河下游出

发赴西藏礼佛。经过漫长艰辛的旅程，终于抵达拉萨。礼佛仪式完毕后，阿喇布珠尔等人于康熙四十二年（1703年）起程返回，途经新疆时，因准噶尔部首领策妄阿拉布坦与土尔扈特部汗阿玉奇交恶，归途被阻，阿喇布珠尔遂率众来到嘉峪关外，并于康熙四十三年（1704年）遣使进京晋见康熙皇帝，请求内附。康熙皇帝同意了阿喇布珠尔的请求，并册封他为固山贝子，赐阿尔金山以东、嘉峪关以西的党河、色尔腾一带为其牧地。康熙五十四年（1715年），清朝为防备准噶尔部首领策妄阿拉布坦叛乱，整军备战，并命旧土尔扈特部首领阿喇布珠尔率兵500从军效劳，驻防噶斯。不久，阿喇布珠尔因患麻疹而去世。

丹忠

出生年份不详，卒于1740年。系阿喇布珠尔长子。康熙五十四年（1715年）阿喇布珠尔去世后，丹忠继固山贝子职。丹忠即位后，又继续率部协同清军征讨准噶尔。因英勇善战、战功显赫，为嘉其功，清廷于雍正七年（1729年）诏丹忠进京，晋升其为多罗贝勒。雍正九年（1731年），丹忠的属下莫尔根绰尔济叛附准噶尔部，丹忠担心被准噶尔部侵并，请求内徙。陕甘总督查阿郎核准丹忠率部游牧于阿拉

克山、阿拉腾特布西等地。后因牧地狭窄，丹忠再次请求移牧额济纳河流域。清廷允其所求，丹忠遂率部进入额济纳草原。从此，蒙古旧土尔扈特部定牧于额济纳河。

达什车凌

出生年份不详，卒于1873年。系巴雅尔莽奈独生子。道光二十年（1841年），达什车凌继多罗贝勒职。

达什车凌执政时，建立起从旗王府驻地衙门查干（位于今苏泊淖尔苏木乌兰图格嘎查）至甘肃省金塔县王子庄之间的信报驿站。驿道全长705里，共设12个驿站，负责传递信息。每站有站丁1名，从当地牧民中抽派，属义务之差。

同治四年（1865年）二月，肃州南山发生暴动，嘉峪关、肃州城被攻陷，肃州府与额济纳旧土尔扈特特别旗之间的驿站往来就此中断，额济纳旧土尔扈特特别旗郡王府上报的文书只能先送到阿拉善，再转归化城。

同治十二年（1873年），奉清廷诏令，旗王府配合左宗棠剿灭肃州匪患。旗王府集结了70余名官兵，在达什车凌的率领下，分别在西河上游和东河中游一带堵截进犯者。但是，终因力量薄弱、消息闭塞，两地兵马全部覆灭，达什车凌也在作战中阵亡，札萨克印鉴也被抢夺。

乌珠堪布活佛

乾隆三十二年（1767年），额济纳旧土尔扈特特别旗第一任札萨克罗卜藏达尔加去世，其子旺扎勒车凌袭任札萨克郡王。

旺扎勒车凌是一位虔诚的黄教（喇嘛教）信徒，一心向善。为广结善缘，他在执政的43年间，曾先后6次赴西藏朝拜礼佛。在拉萨哲蚌寺，他结识了从新疆和布克赛尔到此的蒙古土尔扈特部高僧乌力吉（法号乌珠堪布），两人一见如故。

乌珠堪布是渥巴锡汗率部东归定居新疆以后，在其身边专门负责祭祀活动的依寨喇嘛——帖木尔朝尔吉的转世化身。被选定为帖木尔朝尔吉的转世化身后，乌珠喇嘛到拉萨哲蚌寺库孟达庆经文学院学习多年，达赖喇嘛赐予他堪布学位。

之后，旺扎勒车凌每次到西藏都要去拜见乌珠堪布，并邀请他到额济纳旧土尔扈特特别旗讲经传教。

不久，乌珠堪布来到额济纳旧土尔扈特特别旗，被迎请到当时的达西却令庙。他在额济纳留居期间，传经布道，弘扬佛法，深得土尔扈特部僧俗群众的敬重。

嘉庆十五年（1810年）夏天，新疆蒙古土尔扈特部派古珠代巴特尔、罗本吉格米德两名使者到额济纳旗，恭请乌珠堪布活佛返回家乡。

就在乌珠堪布即将动身的时候，年迈的旺扎勒车凌突然病逝。乌珠堪布决定暂缓启程，亲自为其主持葬礼。料理完旺扎勒车凌的后事，乌珠堪布活佛决定立即起身。继任王爷东德布才仁召集王府官员和全旗僧俗群众在毛敦嘎图拉嘎（今苏泊淖尔苏木策克嘎查境内）举行了盛大的竟西格仪式，欢送活佛西行。

离开毛敦嘎图拉嘎的当天，活佛行辕在苏泊淖尔（今东居延海）西岸的超宝音登吉下榻。不料，乌珠堪布活佛竟于当晚圆寂。

近代人物

格勒朝格敦活佛

清嘉庆十五年（1810年）夏天，乌珠堪布活佛在苏泊淖尔西岸的超宝音登吉圆寂。因时处盛夏，遗体无法运回新疆，只能就地火化。

火化时，发生了一件意想不到的事情：从火堆里突然迸出一小团火球，烧破了旺扎勒车凌第五子拉布腾敦德布裴里杰台吉夫人淖尔吉德的衣襟。

人们见状大惊失色、议论纷纷，有的说是吉兆，有的说是凶兆。占卜家凯布增占卜后连声说："善哉！善哉！我们有自己的葛根喇嘛了！"新疆的使者也在一旁风趣地说："我们的堪布喇嘛舍不得额济纳的绵羊肉，想常驻此地了。"

第二年，淖尔吉德果然生下一子，取名格勒朝格敦。格勒朝格敦幼年时，每当看见乌珠堪布留下的经卷、袈裟、念珠等物品便会说："这是我的东西！"并紧抓不放。见此情形，人们更加确信他就是乌珠堪布的化身了。

格勒朝格敦8岁时，就被送到达西却令庙剃度为喇嘛；13岁时，又被送到青海阿拉坦寺学习经文；18岁后到拉萨哲蚌寺库孟达庆经文学院继续学习了二十多年，最终取得了拉仁巴学位。直到1851年，格勒朝格敦才返回额济纳旧土尔扈特特别旗，坐上了锡饶喇嘛的床位。

光绪八年（1882年），格勒朝格敦在额很吉格德音赛日主持修建了江其布那木德令庙（俗称"老西庙"）。在潜心钻研佛教教义的同时，他还精心撰写了记录蒙古族土尔扈特部贵族世系的专著——《乌宁苏色图旧土尔扈特和青色特格勒图新土尔扈特汗诺颜世系》，该书对研究蒙古族土尔扈特部历史文化有着重要作用。光绪十六年（1890年），格勒朝格敦在江其布那木德令庙圆寂，享年79岁。

斯文·赫定

1865年出生，瑞典人。1890年开始到中国西部探险，由于成果卓著而声名大噪。1926年，他受德国汉莎航空公司委托，与中国北洋政府商谈开辟欧亚航线事宜。这是他第五次来华。

1926年10月31日，斯文·赫定与德国飞行专家钱默满抵达北平，就开辟航线和科学考察与北洋政府及学术界人士进行了商谈。在瑞典驻华使馆、德国驻华使馆的支持下，北洋政府外交部很快就给斯文·赫定做了如下答复："据贵国大使及您本人所提交的考察计划，中、瑞两国的科学家、航空专家拟赴甘肃、新疆两省进行考古调查。第一步探察将乘骆驼于1927年初离开北京，并在沿途为下一次使用飞机探察做可行性研究。您表示不从事违法活动，鉴于中国政府一贯鼓励考古调查，中国政府同意并支持第一步的探察计划，并令地方当局予以保护帮助。"

当时，正在觉醒的中国文化界人士对斯文·赫定等西方探险家在中国进行考察的行为提出质疑，呼吁政府禁止外国人掠夺我国文物，并阻止外国人在中国领空飞行。面对反对的呼声，腐败的北洋政府不仅不予理睬，反而更加积极地支持斯文·赫定。斯文·赫定在中国从事探险活动多年，深谙中国的人情世故，面对这种形势，他明智地选择了让步。到1927年4月，经过6个月的谈判，斯文·赫定与中国学术团体达成共识，中瑞双方联合组成了"中瑞西北科学考察团"。

按照规定，中方选派5名中国学者、4名中国学生加入了考察团。斯文·赫定与北京大学教务长徐炳昶（又名徐旭生）分别担任中、瑞双方的团长。

1927年5月9日中午，斯文·赫定、徐炳昶和大部分考察队员从西直门火车站登上北京到包头的列车，正式拉开了包括气候、地理、地质、历史和文物考古、人种学、动植物学等内容的综合科学考察活动的帷幕。

9月28日，斯文·赫定和徐炳昶率领大队人马到达额济纳河畔的逊都勒（时译"松杜尔"），并将考察团大本营和第一座气象站设在这里。这是斯文·赫定首次到额济纳旧土尔扈特特别旗。

10月17日早晨，已经62岁的斯文·赫定坐上考察队员用胡杨树干制作的小船，和丹麦籍队员哈士纶一起顺河漂流。5天后，小船航行到东居延海上，斯文·赫定终于圆了他征服居延海的梦想。

在额济纳旧土尔扈特特别旗度过了40多天后，斯文·赫定于1927年11月8日率队启程前往新疆哈密。有3名科考队员被留了下来，负责逊都勒气象站的工作。

1933年6月28日，德国驻北平公使特劳曼德举办了一次宴会，斯文·赫定和时任国民政府外交部次长的刘崇杰在宴会上意外相识，他们谈论了在中国内地与新疆之间修筑铁路和公路的可行性和重大意义。让斯文·赫定没有想到的是，这次谈话为他创造了去中国西部考察的最后一次机会，尽管这次旅程困难重重。

8月中旬，南京方面批准了这次新的探险计划：聘任斯文·赫定为中国政府铁道部顾问，率领一支由4名中国队员、3名瑞典队员组成的"绥新公路查勘队"，费用由中、瑞双方各承担一部分，持中国政府的护照，先沿归化、额济纳、哈密一线到新疆，再从乌鲁木齐—喀什、乌鲁木齐—伊犁或乌鲁木齐—塔城三条道路中选一条，勘查任务完成后取道丝绸之路返回西安。

10月21日，斯文·赫定率领查勘队大部分成员乘火车离开北平去往今呼和浩特，在那里换乘汽车，经百灵庙、黑沙图、班丁陶勒盖（班定陶勒盖）、雅干山，于12月25日圣诞节当天，来到了位于额济纳绿洲东端的巴彦陶来，在这里欢庆1933年的圣诞节。

斯文·赫定第二次来额济纳主要做了如下几件事情：一是在衙门查干搭建修理厂，为5辆汽车的发动机进行了一次全面的清洗检修。二是计划中的公路不宜从居延海以北的松软沙地上经过，公路要穿过绿洲，就必须在东河的上游选择合适的架桥地点，并委派尤寅照和龚继成进行实地测绘。三是派出信使乘驼去肃州，带上要邮寄的信件，取回北京发来的邮件，顺便打探哈密及新疆的战事情况。四是陈宗器发现银根（今阿拉善左旗银根苏木）至额济纳之间还从未有人做过天文测定，决定东返210公里到德日森呼都格（德列逊库都克）进行天文测量，以补空白。五是黄文弼、贝格曼各自安排短期考察。六是斯文·赫定去拜见了额济纳旧土尔扈特部王爷。

在额济纳度过了20多天后，斯文·赫定率领绥新公路查勘队于1934年1月16日出发前往新疆。

1935年2月8日，绥新公路查勘队回到了丝绸之路的起点——西安，给长达8年的中瑞西北科学考察活动画上了一个圆满的句号。

广袤的中国中西部是斯文·赫定绽放人生异彩的华丽舞台，他把生命的大部分时光都倾注到了这片土地及其相关的事业上。每次考察结束，他就开始潜心整理获取的科考资料，成果巨大。他一生著述颇丰，有不少著作被译成多种文字，因其文笔优美，叙事精妙，人物刻画细腻有分寸而深受广大读者喜爱。他终身未娶，但他却说："我已经和中国结了婚。"1935 年 4 月，斯文·赫定回到瑞典。1952 年在斯德哥尔摩家中去世，享年 87 岁。

徐炳昶

字旭生，生于 1888 年，1976年去世。1927 年 5 月，时任北京大学教务长的徐炳昶作为中瑞西北科学考察团的中方团长，与瑞方团长斯文·赫定共同领导了这次科学考察活动。他虽未承担具体科考任务，但在行政管理、组织协调、后勤保障等方面做了大量工作，著有《徐旭生西游日记》，详细地介绍了此次旅行经历。

9 月 28 日，徐炳昶与斯文·赫定率领大队人马抵达了额济纳河畔的逊都勒。

在额济纳停留期间，徐炳昶跟随为斯文·赫定乘独木舟漂流提供保障服务的驼队，来到额济纳旧土尔扈特部王府附近，见到了图布辛巴雅尔，并参观了东庙。

1927 年 11 月 8 日，徐炳昶随大队离开逊都勒营地前往哈密。

沃尔克·贝格曼

瑞典考古学家。1927 年，年仅24 岁的贝格曼作为专业考古人员，参加了中瑞西北科学考察团，成为考察团的第一批队员，他承担沿途考古和地图测绘任务。

1927 年 10 月 23 日，贝格曼随那林率领的北线分队到达额济纳河畔的逊都勒。他们比斯文·赫定率领的大队人马晚了 25 天才赶到这里，主要是因为一路上进行地图测绘和考古耽搁了太多的时间。按照计划，在额济纳，贝格曼他们只能停留十几天，到 11 月 9 日，那林率领的小分队也将跟随考察团的大队人马离开逊都勒，向新疆哈密进发。由于时间太短，贝格曼来不及在额济纳开展细致的考察活动，居延汉简的惊世发现被推迟到他第二次来额济纳的时候。

1929 年 5 月，当贝格曼带着瑞典皇家科学院增派的霍涅尔、贝歌尔 2 名新队员再次来到塔城准备入境新疆时，遭到新疆当局的拒绝。他们一行 3 人只得绕道新西伯利亚、符拉迪沃斯托克，于 8 月 25 日抵达北平。

按照斯文·赫定的指示，贝格曼在百灵庙组织了一支新的考察队——"中瑞西北科学考察团戈壁组"，队员除了几名瑞典人外，还有中国学者陈宗器等人。

11 月 11 日，戈壁组离开百灵庙，沿着 1927 年的考察路线向西进发。一路上，他们一边绘制线路图，一边进行地质调查、考古等工作，行进速度缓慢。

1930年4月26日，贝格曼一行来到额济纳境内的汉代障城遗址宝日川吉（时译"布鲁松切"），此地西北十几公里外，就是著名的黑城遗址。到达这里的第二天，贝格曼和陈宗器就首次发现了写有汉字的木片，初步推断这些木片是汉代木简。随后，又在其他多个地点发掘出土了更多的木简——居延汉简。

早在1927年9月，我国考古学家黄文弼作为第一批中瑞西北科学考察团队员来到额济纳时，就曾在逊都勒地区的一处废墟中发现了写有汉字的木简残片。但不知出于何种原因，发掘工作未能继续。当时，同样第一次到额济纳的贝格曼也没有时间对这一带进行考察。这次重返额济纳，贝格曼是幸运的——虽然这个震惊世界的巨大考古发现被推迟了近3年，但幸运之神终究还是将耀眼的光环戴到了他的头上！

从1930年4月27日至1931年3月27日离开额济纳，贝格曼共发现1万余枚居延汉简，并调查了额济纳境内的所有汉代烽燧遗址，正确地推断出"历史上的古居延泽应该在更靠近黑城的地方"。这些重大发现使他名留史册。

1933年10月，贝格曼又参加了"绥新公路查勘队"，于12月25日第三次，也是最后一次来到额济纳。

1934年8月12日，贝格曼提前退出绥新公路查勘队，护送患病的随队医生赫默尔从乌鲁木齐出发，经塔城出境回国，结束了他在中国中西部地区近8年的科学考察活动。

贝格曼因在额济纳发现居延汉简和在新疆楼兰发现小河墓地而闻名于世。1946年，贝格曼因病去世，享年43岁。贝格曼的一生，如其《考古探险笔记》所载，如同"一颗光彩夺目的流星"，虽然短暂，却极其辉煌。

陈宗器

1898年生于浙江省新昌。1918年毕业于宁波省立第四师范学校；1919年春赴日本留学；1920—1925年，在东南大学物理系就读；1928年在清华大学工程学系任助教。1929年进入"国立中央研究院物理研究所"工作，到任不久即被派往中国西北科学考察团工作。

陈宗器加入了贝格曼组织的考察分队"戈壁组"。队员除他之外，还有柏利、贝歇尔、霍涅尔、约翰逊。由于新疆当局禁止他们入境，贝格曼决定先到额济纳河流域进行考察，再根据情况对祁连山脉或新疆进行考察。

1929 年 11 月 11 日，贝格曼率领戈壁组离开百灵庙，踏上了前往额济纳的旅程。

一路上，陈宗器一行人一边进行科学考察，一边绘制线路图，行进速度缓慢。直到 1930 年 4 月 26 日，才来到离黑城不远的宝日川吉遗址。第二天，贝格曼、陈宗器就从这里挖掘出了有字迹的木简，即居延汉简。

6 月 18 日，贝格曼、霍涅尔、陈宗器三人在完成了对京斯图山、巴彦陶来、殄北塞（川吉阿玛）、居延海等地的考察后，出发前往 230 公里外的毛目（今鼎新）。途中，他们又对汉代烽燧遗址进行了发掘，出土数量众多的汉简。6 月 26 日，他们到达毛目。

1931 年 12 月 23 日，陈宗器和其他三名瑞典队员从酒泉赶到位于额济纳巴彦陶来的营地，与驾车从北京赶来协助完成"欧亚一号机"首航北京—新疆任务的生瑞恒会合。

1932 年元旦即将来临的时候，霍涅尔和陈宗器带着生瑞恒，乘车向北，到中蒙边界线附近考察，测绘地图，研究风对沙丘移动的影响，还调查了远古时期黑城东西水系的分布情况，取得了重要收获。在额济纳考察的一年多时间里，霍涅尔和陈宗器的足迹遍及黑城、居延海沿岸及胡杨林的每个角落。

霍涅尔和陈宗器在额济纳河流域的考察活动一直持续到 1933 年 3 月底。4 月 1 日，二人从额济纳启程东返，于 5 月 7 日回到北平，结束了近 4 年的野外考察工作。

不久，陈宗器又奉命参加了国民政府铁道部组织的"绥新公路查勘队"，斯文·赫定被时任国民政府铁道部部长的顾孟余聘为顾问兼队长，持国民政府铁道部颁发的护照，费用由斯文·赫定和铁道部双方共同承担。参加查勘队的外国队员有贝格曼、赫默尔，中方队员除陈宗器外，还有铁道部派来的两名工程师龚继承和尤寅照，以及教育部派来的黄文弼。

1933 年 10 月 21 日，绥新公路查勘队的大部分队员从北京启程，乘火车前往今呼和浩特，而后乘汽车经百灵庙，于 12 月 25 日抵达额济纳绿洲东端的巴彦陶来。

在额济纳停留休整期间，陈宗器亲自驾车东返 210 公里，到德日森呼都格进行天文测量，填补了银根与额济纳之间天文测定的空白。

1934 年 1 月 16 日，查勘队一行离开额济纳。

1935 年 2 月，查勘队回到西安，标志着长达 8 年的中国西北科学考察活动圆满结束。

之后，陈宗器、龚继承、尤寅

照三人共同完成了《绥新勘察报告》，提交国民政府铁道部。

作为中瑞西北科学考察团的一员，陈宗器和其他中国队员一样，全身心地投入野外考察活动中，在极其艰苦的条件下，战胜了常人难以克服的种种困难，取得了丰硕的成果，为中国西北科学考察事业作出了巨大贡献。

1960年，陈宗器去世，享年62岁。

董正钧

生于1917年，安徽省萧县人。1941年毕业于西北农学院。

1944年初，27岁的董正钧参加了国民政府农业经济部门组织的"川康宁农业调查团"。调查团经兰州至酒泉，然后沿额济纳河北上到达额济纳旧土尔扈特特别旗。在额济纳旧土尔扈特特别旗期间，董正钧几乎走遍了额济纳河沿岸的地区，东、西居延海，塔旺嘉布王府，国民党驻军营地，黑城遗址，狼心山，大小寺庙都留下了他的足迹。

野外调查工作结束后，董正钧立即开始对调查资料进行整理、汇总，著成《居延海》一书。该书共八章，包括自然环境、交通、居民、政治、宗教、经济、社会、建设额济纳的建议。

《居延海》一书较为客观地记录了额济纳旧土尔扈特特别旗的地理位置、辖区面积、历史沿革、国防价值、自然环境、宗教民俗等各方面的情况，并提出了额济纳的建设目标以及发展交通事业、移民实边、调整行政制度、改善蒙民生活的具体措施。书中还记载了国民党驻军砍伐林木、烧胡杨取树碱、盗挖黑城文物、把黑城的石磨拉来磨面等内容。特别是"研究造林吞沙、绿化戈壁沙漠之法，实为建设西北之基本工作"的观点，对当今额济纳旗的生态建设仍具有现实意义。

现代人物
周仁山

又名翔生，甘肃省华亭县人，生于1912年11月，卒于1984年11月。1936年，周仁山从北平朝阳大学毕业后，在兰州师范学校任教。1937年夏，因组织爱国师生参加抗日救亡运动，被学校当局开除教职。

1937年秋，周仁山找到兰州八路军办事处，受到中共中央代表谢觉哉和办事处处长彭加伦的接待。在了解到周仁山与时任额济纳旧土尔扈特特别旗札萨克防守司令部中校参谋长苏剑啸是同学这一情况后，他们决定派遣周仁山到额济纳旧土尔扈特特别旗开展敌后抗日救亡工作。

1937年秋末冬初，周仁山乘驼取道张掖、酒泉、金塔来到额济纳旧土尔扈特特别旗。通过苏剑啸的介绍，周仁山结识了额济纳旧土尔扈特特别旗札萨克图布辛巴雅尔郡王，并被任命为旗防守司令部汉文秘书。

周仁山在旗防守司令部以汉文秘书的公开身份向王府官员和广大士兵、牧民进行抗日宣传。他的这些举动引起国民军军事专员公署的注意。

1937年秋，国民政府军事委员会在额济纳旧土尔扈特特别旗设立军事专员公署，军事专员李才桂带领1个骑兵连的兵力到旗，在道兰敖夫（道劳卧铺）等地驻防。李才桂在拜访图王时，反复阐述"攘外必先安内"的反共、防共的陈词滥调，后又提出要与防守司令部合署办公的主张，目的是为进一步控制旗王府，也便于对周仁山、苏剑啸进行监视。对此，周仁山和苏剑啸对专员公署提出抗议，加之图王和塔旺嘉布以及旗王府大多数官兵的反对，李才桂等人的阴谋没有得逞，所以更加仇视和怀疑周仁山。

不久，专员公署出面请周仁山"会谈"。专员公署股长以上官员均出席会议，就国民党提出的所谓"攘外必先安内"的主张进行辩论，周仁山与李才桂等人进行了两昼夜舌战。

由于周仁山、苏剑啸的抗争，李才桂等人恼羞成怒，图谋陷害，加之李部官兵军纪败坏，民愤极大，1937年11月下旬，周、苏决定赴宁夏省告状，驱逐李才桂。塔旺嘉布给阿拉善旗王写了信件，并派两人护送，周、苏二人到阿拉善旗转至银川。后因没有结果，周仁山决定先去西安八路军办事处。在西安，周仁山向办事处主任林伯渠详细汇报了在额济纳旧土尔扈特特别旗的工作情况，组织决定派周仁山随同伍修权回兰州八路军办事处。1938年2月底，周仁山到延安抗日军政大学（简称"抗大"）第十五队学习，并与在抗大第十队学习的苏剑啸重逢。这一年，周仁山加入中国共产党。

在抗大的学习结束后，中共中央组织部再次派周仁山到额济纳旧土尔扈特特别旗工作。通过组织关系，国民政府军事委员会军令部委任周仁山为旗防守司令部中校秘书。周仁山到后还兼任旗小学校长。这一时期，图布辛巴雅尔郡王已去世，塔旺嘉布继任札萨克兼旗防守司令部司令。

周仁山利用公开身份和职务上的便利与王府和防守司令部的工作人员接触，帮助防守司令部训练部队；尤其是对塔旺嘉布做了大量细致的工作，促使塔旺嘉布由一名封建王公转变为加入人民解放事业的开明人士。在和平解放前夕，塔旺嘉布曾满怀深情地说："他（周仁山）对我讲述的那些道理，是永生难忘的。我决心率部起义，实现和平解放。"

由于专员公署长期侦查，周仁山身份暴露，国民军第一九一师师长杨得亮逼迫周仁山写自首书。在这种形势下，周仁山托人向兰州八路军办事处负责人伍修权汇报情况，组织上通知周仁山离开。

1939年，在塔旺嘉布郡王和夫人陶森查干的帮助下，哈布图盖查干、塔斯木二人秘密护送周仁山离开，返回兰州。

1984年11月7日，周仁山因病逝世，终年72岁。

巴图巴根

蒙古族，1923年10月出生于吉林省镇赉县。1945年10月参加革命工作。1946年8月加入中国共产党。1956年1月至1966年7月，任中共巴彦淖尔盟委第一书记兼军分区政委。1958年巴图巴根代表中共巴彦淖尔盟委向中共额济纳旗委、额济纳旗政府传达了中央军委和内蒙古党委关于"在额济纳旗设立禁区，迁出全部人、畜"的决定。1958年4月24日，巴图巴根在新建的旗政府所在地——宝日乌拉召

巴图巴根

开军民联席会，传达了中央军委的指示。1958年4月29日，巴图巴根与旗党政领导研究确定了搬迁工作方案，并成立了搬迁工作党组，巴图巴根担任党组书记。5月，巴图巴根亲自到塔旺嘉布家安排部署搬迁工作。

2012年9月9日，巴图巴根在呼和浩特市逝世，享年89岁。

苏剑啸

1905年1月29日生于新疆伊犁，卒于1948年2月，蒙古族。原籍内蒙古锡林郭勒盟苏尼特右旗，后随其父加入额济纳旗籍。

苏剑啸在兰州读完小学后，考入兰州一中，中学毕业后考入中国大学外语系。大学毕业后谋得北平第二十三中学中事委员的职务，后为中国大学附中英文教师。

"九一八事变"后，苏剑啸返回额济纳旗。

1934年，苏剑啸向旗王府提出增加地方收入、改善群众生活、发展教育事业、提高民族文化素质等建议，受到塔旺嘉布等人的重视和支持。额济纳旧土尔扈特特别旗设立草头税征收局，苏剑啸自荐担任局长，向过往商旅收税，以增加地方财政收入。苏剑啸又从草头税中拨出一笔资金，创办了额济纳旧土尔扈特特别旗第一所小学，并任教务长，亲自授课；还从北平聘请了一位郝姓大夫，为额济纳旧土尔扈特特别旗创办了第一家诊疗所。

1935年11月，占据甘肃的军阀马步芳以"非法征税"的罪名，将苏剑啸逮捕押至兰州严刑逼供，并勒索额济纳旧土尔扈特特别旗5000块银圆，而对国民政府却谎报苏剑啸是汉奸。后经塔旺嘉布和夫人陶森查干以及蒙藏委员会驻旗专员王德淦等人的多方周旋，苏剑啸才获释放。

1936年深秋，苏剑啸返回额济纳旧土尔扈特特别旗。此时，日军特务早已侵入额济纳旧土尔扈特特别旗。日军特务占据赛日川吉庙，修筑简易飞机场，妄图以赛日川吉为基地，在额济纳旧土尔扈特特别旗建立战略桥头堡，袭击和轰炸榆林、兰州、武威、张掖、酒泉和哈密，切断中苏联系。苏剑啸与阿木梅林和王德淦经过周密布置，指派喇嘛雷德唐兀特将日军的弹药库一举炸毁，给侵略者以沉重的打击。

1936年10月8日，国民政府决定成立额济纳旧土尔扈特特别旗防守司令部，苏剑啸任中校参谋长。1937年10月，苏剑啸任旗府秘书兼梅林。国民政府军事委员会军事专员李才桂提出防守司令部和专员公署合署办公的建议，企图控制额济纳旧土尔扈特特别旗军政事务，遭到苏剑啸和周仁山的坚决抵制。李才桂恼羞之极，决定对二人下毒手。在塔旺嘉布等人的掩护下，周、苏二人于1937年12月初安全抵达银川，后经周仁山推荐和八路军办事处介绍，苏剑啸在中共秘密交通站的护送下，到达革命圣地延安。

1947年，苏剑啸出任察哈尔盟民主政府盟长。1948年2月6日，苏剑啸一行27人从贝子庙返回盟府。8日，路经沙布日台沙梁遭敌伏击，苏剑啸等18人不幸牺牲。

布　和

蒙古族，科尔沁左翼后旗人。1922年10月出生。1957—1965年，任中共额济纳旗委书记处第一书记。1960年11月至1962年9月，兼任额济纳旗旗长。

布和

1958年，中共额济纳旗委员会接到内蒙古自治区关于额济纳旗为国家建设需要让出部分草场，并立即撤出人、畜的指示后，布和带领旗委工作人员深入牧区调研，提出搬迁方案，成立领导机构，明确宣传要点，组织召开旗人民代表大会进行决策，并参与了牧民搬迁、旗政府驻地建设工作。特别是在宣传教育方面，布和亲自演讲动员，及时公开搬迁决策信息，为搬迁工作作出了重要贡献。

2003年2月25日，布和因病在呼和浩特市逝世，享年81岁。

塔旺嘉布

蒙古族，1900年生于额济纳旗，1960年7月20日病逝。系达什郡王第四子，自幼在旗达西却令庙（位于旗政府所在地达来呼布镇东南2公里处，"文化大革命"中被毁）出家为僧。

兄长图布辛巴雅尔郡王虽有两位夫人，却均无子嗣。为传袭爵位，图王遂令塔旺嘉布还俗，迎娶德力格尔参领的独生女陶森查干。二人婚后育有4子，长子额日登格日勒，次子东德布，三子、四子少亡。

1935年，日军派遣特务乃日布、桑杰扎布、江崎寿夫、大西俊仁、松本平八郎等侵入旗境，并占据赛日川吉庙，进行特务活动。面对抉择——抗日还是亲日，旗王府统治集团内部出现了分歧：苏剑啸梅林、苏斐然参领、阿木梅林、陶顺管旗章京持抗日态度；塔旺嘉布、牛顿梅林持中立态度；图布辛巴雅尔郡王以及查干朝尔吉、云登章京等持亲日态度。

1938年1月17日晚，李才桂部的部分卫队士兵反叛，向东逃窜至拐子湖一带。叛兵事件发生后，图王与塔旺嘉布携家眷逃往青海塔尔寺避难。图王去世后，经连钟山推荐和全旗官民作保，塔旺嘉布才得返旗任职。

1938年11月，塔旺嘉布继任札萨克，成为最后一代土尔扈特王爷。

塔旺嘉布执政后，对基层组织进行了整顿，将全旗划为4个苏木（佐），委任苏剑啸、阿木尔巴依

塔旺嘉布

斯古楞为梅林职务，委任周仁山为汉文秘书。经过整顿，旗王府及基层组织办事效率得到提高。同时，加强保安大队官兵训练，严密边界巡查与防范，旗民得以安居乐业。

塔旺嘉布精通蒙藏文。1936年，他亲手创办额济纳札萨克旗小学，并任校长一职，致力于普及文化、培养人才；还挑选了十余名优秀青年到黄埔军校西安分校受训。

抗日战争时期，中共地下党员周仁山先后两次到旗，以秘书身份与塔旺嘉布接触，结合形势向塔旺嘉布宣传中共的抗日策略和民族政策，促使塔王由一名封建王公转变为加入人民革命的开明人士。塔王积极支持周仁山、苏剑啸的抗日民族统一战线工作。为确保周、苏二人的人身安全，塔王不顾个人安危，

多次暗中保护，使中共在额济纳的地下活动没有遭受任何打击。

塔旺嘉布为人正直、忠厚坦诚、嫉恶从善，不论官员还是平民百姓，他都以礼相待。塔旺嘉布在青年时期就曾拉骆驼运输粮食；袭位后，仍时常走访旗民，不计较穷富，碰上哪一家就吃住在哪一家，同他们交友畅谈。他不大肆征收苛捐杂税，也不大兴土木，减轻了旗民的负担，深受部属和百姓的尊敬爱戴，旗民亲切地称他为"赛阿哈"（蒙古语"好哥哥"的意思）。

1940年，国民政府通知塔王赴重庆拜谒蒋介石、何应钦等人，陈述额济纳旧土尔扈特特别旗军政事务，嗣后与蒙藏委员会及有关官员洽谈公务。1945年秋，塔王再次前往重庆拜谒蒋介石。国民政府军事委员会为防范额济纳旧土尔扈特特别旗发生不测事件，委派徐汉襄任防守司令部参谋长，进一步监视和控制塔旺嘉布。

1946年，国民政府在南京召开立法会议。塔旺嘉布当选为正式代表，嘎瓦当选为立法委员。塔旺嘉布思索再三，另派牛顿、达瓦二人作为替补代表参加会议。

1948年，国民政府在南京召开"国大会议"，通知塔旺嘉布出席。此时的塔旺嘉布已经看出，南京国

塔旺嘉布与下属合影　范长江/摄影

民政府在政治上日益腐败、经济上每况愈下、军事上节节败退，他料定"国大会议"也改变不了国民政府灭亡的命运。但为应付差事，他仍派牛顿、达瓦二人作为替补代表参加了会议。同时，令其子额日登格日勒随同代表一同前往，以增长知识、开阔眼界。

1949年9月，塔旺嘉布召开旗军政要员会议，通过了脱离广州国民政府，接受中国共产党领导的决议。1949年9月27日，塔旺嘉布发出了"致杨得志并转呈毛泽东、朱德"的电报，宣布额济纳旧土尔扈特特别旗起义，接受和平解放。额济纳旗自治区人民政府成立后，维护地

书记郭全德开展工作，认真稳妥地贯彻执行中国共产党的民族区域政策，诚恳接受社会主义改造，动员亲属入股组建公私合营牧场。

1958年4月，中共巴彦淖尔盟委第一书记巴图巴根根据中共中央的决定和内蒙古自治区党委及乌兰夫的指示，找到塔旺嘉布并向其传达了搬迁旗政府，让出草场，设置禁区的决定，塔旺嘉布当即表示："部队领导已来过，这消息我事先知道了，我没意见……本人非常欢迎，搬就搬！"

1958年5月18—24日，塔旺嘉布主持召开了额济纳旗第三届人民代表大会第一次会议，通过了搬迁旗政府，让出草场，设置禁区的决定。1958年5月19日，塔旺嘉布亲自担任牧区建设委员会主任委员，主持整个搬迁工作。他参与了禁区范围的设定、搬迁方案的制定、旗政府位址的确定等工作。当部分上层喇嘛还不愿搬迁时，塔旺嘉布亲自前往喇嘛庙进行思想动员，并帮助他们解决实际困难和问题。额济纳人民在塔旺嘉布的带领下，离开世代生活的巴彦宝格德，为国防建设作出了巨大的贡献。

1960年7月20日，塔旺嘉布因病在巴彦淖尔盟临河县逝世，终年60岁。

方治安，驱逐乌斯曼土匪，拦截国民党马家军残部，平息德、李残部，依法逮捕境内的国民党潜伏特务，保护人民群众生命财产安全。

1949年9月至1958年，塔旺嘉布担任额济纳旗旗长。1958年，任巴彦淖尔盟副盟长兼额济纳旗旗长。在此期间，他积极配合旗工委

郭全德

生于 1906 年 4 月，卒于 1974 年 7 月，宁夏回族自治区盐池县人。

1936 年，郭全德在陕北三边参加革命；同年 10 月，在盐池县加入中国共产党。1939—1941 年，郭全德赴延安，进入中央党校和民族学院参加学习。中华人民共和国成立后，郭全德历任中共阿拉善旗工委组织部长、副书记。

1951 年 2 月 15 日，中共宁夏省委组建中共额济纳旗自治区工作委员会，任命郭全德为书记。1951 年 4 月 7 日，郭全德带领 14 人的旗工委班子和 4 名家属抵达额济纳旗自治区人民政府所在地达来呼布。

郭全德正确执行中国共产党在牧区实行的"不分不斗、不划阶级""牧工、牧主两利"政策，会同额济纳旗自治区人民政府带领全旗各族群众进行生产自救，组建互助组、合作社，走共同富裕的社会主义道路。在额济纳旗自治区工委和人民政府的领导下，仅仅五年时间，额济纳旗的牲畜就从 1949 年的"畜不满三万"（29606 头/只）增加到 1956 年的 99971 头/只，充分体现了中国共产党求真、务实、为民的工作作风与宗旨，以及开展经济建设、提高人民群众生活水平的意愿。

在工作中，郭全德坚决反对大汉族主义和地方民族主义倾向。为体现中国共产党全心全意为人民服务的宗旨，他带领工委工作人员深入牧区，走家访户，宣传中国共产党的民族政策，并积极组织医疗队伍，为广大牧民无偿送医送药。广大牧民深受感动，从内心发出"共产党好""郭书记好"的呼声。郭全德团结民族进步人士塔旺嘉布、牛顿、三伯英等人，努力培养少数民族干部，推心置腹，不谋私利，赢得当地蒙古族同胞的尊重和信赖。阿拉善旗发生"曹动之事件"后，每逢郭全德下乡，塔旺嘉布总是命令旗保安大队派遣官兵暗中保护。塔旺嘉布还亲自在工委驻地布置暗哨，甚至亲自巡查，保证郭书记的安全。所有这一切都是郭全德正确执行中国共产党的民族政策结下的丰硕成果。

在开展肃清敌特工作中，郭全德主张严谨审慎，决不能冤枉一个好人，也不能放走一个坏人，要严把证据关，严禁逼供。在郭全德的指挥下，额济纳旗的肃特工作取得显著成果。在确凿证据面前，国民党暗藏特务李邦彦、徐汉裏、王海明等人俯首就擒，并被押送至酒泉审判。由于谨慎地开展"挖肃"工作，所以没有出现冤假错案。在历次落实政策工作中，唯独郭全德任内所办案件没有人要求重审。

郭全德正确处理两类不同性质的矛盾，得到同志的信赖。当时，额济纳旗条件艰苦，很多人产生畏难情绪，纷纷要求调回内地。郭全德不是简单粗暴地加以训斥，而是细致地进行调查研究。对于确有困难者，通过组织给予解决，使其没有后顾之忧，安心工作；对于投机钻营者，则指出错误并予以严厉批评，使其口服心服。在他的领导和带动下，干部队伍精神振奋，写下"安下心，扎下根，养下儿子抱上孙，死在二里子河，埋在青山头"的豪迈诗篇。

1956 年 6 月，额济纳旗划归内蒙古自治区巴彦淖尔盟管辖。郭全德被任命为中共巴彦淖尔盟副书记、行政公署副盟长，于 1956 年 12 月 5 日离开额济纳旗。

额日登格日勒

蒙古族，1930 年生于额济纳旗。1945 年 9 月至 1947 年 7 月，在兰州中学读书。1948 年，国民政府军事委员会任命额日登格日勒为防守司令部少将副司令。

1949 年 11 月，额济纳旗自治区人民政府成立，额日登格日勒任旗小学校长。1952 年 8 月至 1956 年 11 月，任旗文化教育卫生科长。

额日登格日勒

1956 年 11 月，当选旗人民政府副旗长。1957 年 1 月，加入中国共产党。

1958 年 5 月 29 日至 6 月 23 日，额日登格日勒受旗委、旗政府委托，带领 40 名干部到巴彦宝格德巴格，动员搬迁牧户 164 户和寺庙 30 户，总计 657 名牧民和 74 名喇嘛，另有牲畜 33727 头 / 只，完成了勘查草场、修棚打井、安置牧户等工作；组织领导了旗政府、农场、喇嘛庙、三巴格牧民的搬迁工作和组建吉格德查干苏木、赛汉陶来苏木的工作。1960 年，组织完成了旗政府新址——达来呼布镇基建工程。1962 年，组织领导了古日乃苏木向马鬃地区搬迁和马鬃苏木的组建工作。

1962 年 9 月，额日登格日勒任旗人民政府旗长。1963 年 1 月，任中共额济纳旗委员会常委。1960—

1962年，任旗人民政府党组副书记。1959—1966年，任额济纳旗政协副主席。1966—1972年，"文化大革命"期间，受到残酷迫害。

1973年平反后，在酒泉地区工作。1979—1981年6月，任额济纳旗革命委员会副主任、中共阿拉善盟委委员、阿拉善盟行政公署副盟长。

1981年6月11日，额日登格日勒因病在额济纳旗达来呼布镇逝世，终年51岁。

阿木梅林

全名阿木尔巴依斯古楞，蒙古族，额济纳旗人，生卒年不详。曾任额济纳旧土尔扈特特别旗梅林，旗民习惯叫他"阿木梅林"。

1935年，日军特务江崎寿夫、桑杰扎布等人侵入额济纳后，武装占领赛日川吉庙（王府驻地）作为据点。日军特务还在这里修筑弹药库和简易飞机场，作为蚕食中国西北的基地。

1936年冬，阿木梅林与旗防守司令部中校参谋长苏剑啸以及蒙藏委员会驻旗专员王德溎经过周密计划，派遣信任的藏族喇嘛雷德唐兀特伺机引爆日军特务的弹药库，给予侵略者沉重的打击。

1937年7月，宁夏省民政厅长李瀚园奉国民政府命令，带队赴额济纳驱逐日军特务。当李瀚园等50余人乘驼沿额济纳河北进至青山头（宝日乌拉）一带时，阿木梅林奉王府命令，率旗保安大队阻挡。当李瀚园晓以大义说明事实之后，阿木梅林与保安大队官兵真诚地欢迎国民军的到来，并协助国民军逮捕日军特务以及蒙汉奸，将其分批押送至兰州，接受中国人民的审判。

王德溎

江苏省南通县纱场乡华芦村人，出生于1909年。

1936年初，王德溎受国民政府蒙藏委员会委派，只身一人到额济纳旧土尔扈特特别旗任蒙藏委员会驻旗专员。由于国民政府的腐败与无能，王德溎饱受入侵额济纳的日军特务以及旗王府亲日派分子的欺凌。为维护国家统一、民族团结，王德溎进行了顽强的抗争，被《大公报》著名记者范长江誉为"近代班超"。1936年冬，王德溎与苏剑啸、阿木梅林经过周密计划，派藏族喇嘛一举炸毁日军特务设在赛日川吉庙的弹药库，沉重打击了日本特务。

1937年6月底，王德溎为免遭日军特务和亲日派分子的迫害，潜行到达酒泉，恰与前来逮捕日军特务的李瀚园等人相逢。王德溎阐述了日军特务在额济纳的兵力、武器、给养等情况，并讲述了炸毁日军特务赛日川吉庙弹药库的壮举。根据王德淦提供的情报，李瀚园、马步康正确部署作战计划，于 1937 年 7 月 7 日一举逮捕入侵额济纳的全部日军特务，捣毁日军驻扎在额济纳的特务机关。

此后，王德淦再未回额济纳，一直留在蒙藏委员会河西（酒泉）调查组工作，任组长。1946 年，调任新疆奇台县县长。1947 年，调到乌鲁木齐工作，历任新疆警备司令部督查参议、文化专员，少将军衔。1949 年，参加新疆"9·25"和平起义。起义后，任新疆军区司令部参谋。1951 年 3 月 31 日，因反革命罪被新疆军区军法处判处死刑，立即执行。1981 年 10 月 29 日，乌鲁木齐军事法院宣布，原判认定王德淦的罪行，主要是起义前的旧罪。根据党对起义人员"既往不咎"的政策，撤销对王德淦的原判决，恢复其起义人员名誉。

范长江

1909 年 10 月，范长江生于四川省内江县赵家坝村（今属内江市东兴区田家办事处）。1927 年初，报考黄埔军校未果的范长江进入中法大学重庆分校学习。8 月 1 日，范长江参加了"八一"南昌起义。之后，范长江在随部队转战途中遭到国民党反动军队的围攻，与部队失去联系，辗转到达南京。

范长江

1933 年下半年起，范长江正式开始为北平《晨报》《世界日报》和天津《益世报》等撰写新闻通讯。由于他文笔精练、视角独特，引起了天津大公报社的注意。大公报社总经理胡政之亲自出面邀请范长江专为《大公报》撰稿。

在日本军国主义觊觎中国、全民抗战即将开始的时刻，范长江敏锐地意识到：中日一旦开战，沿海一带必不可久守，抗战的大后方肯定在西北、西南一带，因此，对这些地方进行考察和研究很有必要。1935 年 5 月，范长江以"大公报社旅行记者"的名义开始了他著名的西北之行。范长江的这次西北之行，历时 10 个月，行程 2000 余公里，取得了丰硕的成果。尤为重要的是，他在旅行通讯中还记载了红军长征

范长江（左）与图王合影

的真实情况。更为可贵的是，范长江第一次以写实的笔法，公开、客观地报道了红军长征，字里行间倾注了他对红军的同情与敬意。范长江的这些通讯陆续发表于《大公报》，在全国引起了强烈的反响，《大公报》的发行数量陡增。不久，当这些通讯汇编为《中国的西北角》一书出版后，出现了读者抢购潮，"未及一月，初版数千部已售罄，而续购者仍极踊跃"。接着数月内，此书又连出了七版，一时风行全国。西北之行结束后，范长江回到天津，被大公报社聘为正式记者。

1936年9月7—23日，范长江以商号职员身份到额济纳采访，了解日军特务机关在中国西北地区的侵略行径。所著《忆西蒙》这篇著名的通讯报道真实地揭露了日军特务在额济纳的侵略行径。

李瀚园

甘肃省临夏人。1936年1月30日被授予少将军衔。1936年3月13日，任宁夏省政府委员兼省民政厅厅长。

1937年7月7日，在"卢沟桥事变"爆发之际，宁夏省政府派遣民政厅厅长李瀚园率兵到额济纳，在阿木梅林等人的鼎力协助下，一举捕获江崎寿夫、大西俊仁、松本平八郎、横田等10名日军特务以及50名蒙汉奸。后将10名日军特务以及5名蒙汉奸头目押赴兰州，经军事法庭审判后，执行枪决。

中华人民共和国成立后，李瀚园任甘肃省政协委员。

HUASHUONEIMENGGUeji'naqi

民　俗　宗　教

MINSUZONGJIAO

　　土尔扈特人在历史的变迁中，形成并保留下独特的、丰富多彩的民俗风情。同时，还有部分藏传佛教的信众，在党和国家宗教政策的指引下，幸福和谐地生活在民族大家庭中。

民　俗

衣食住行

衣

　　额济纳旗土尔扈特蒙古族的服饰以帽子、袍子、腰带、靴子和各种装饰品为主。

　　帽子　流行帽式主要有召木力格、圣缜、陶日茨格、黑林、甘丁、哈拉哈尤登帽。清朝与民国时期，额济纳旗蒙古族同胞戴帽无老少之分，仅有性别、职业之别。若是扎兰（参领）以上官员及妇女则戴黑林帽，侍卫官以下男子戴甘丁帽。

　　袍子　额济纳旗土尔扈特蒙古族袍子（拉布西格）外形宽松肥大，为右大襟系扣、马蹄形小袖口。男式袍子下摆两侧开小衩，圆形高领，面料多用蓝或棕色，用库锦料做袍

额济纳旗土尔扈特蒙古族一对母子合影　范长江／摄影

土尔扈特人服饰（1）

领、袖口，镶单条宽边；女式袍子下摆不开衩，长方形高领，喜用红、绿、天蓝色面料，用同质底料做袍领、袍袖，镶双线边。

袍子又可分为下摆袍和毕西莫德袍。在集会、赴宴、走亲访友时十分讲究穿着。如女子出嫁时，穿与下摆蒙古袍配套的无袖、圆领、前开襟，下摆左、右两侧和后侧三开衩，比蒙古袍稍短的"策格德格"套装；男子则穿大襟、四扣式美观坎肩。下摆袍分上、下两节，在腰间部位缝制出7～11个皱褶（视袍大小而定），外襟下摆稍呈角形。毕西莫德袍则无上述特征，衣襟与下摆袍基本相同，半前襟，外襟向右至腋下垂直。参加婚礼、逢年过

节、祭敖包时多穿下摆袍，通常穿毕西莫德袍。僧众一般穿质地较好，用红黄色绸、布缝制的蒙古袍。

腰带 额济纳旗土尔扈特蒙古族男子通常选用与袍子颜色相配的绸、布料做腰带。束腰带的讲究和规矩有：男子将袍襟向上提，以便骑乘，也显得矫健潇洒；青年女子将袍襟向下拉展，以示美观庄重；妇女参加婚礼、新媳妇拜见公婆时，不束腰带。

靴子 清朝和民国前期，额济纳旗土尔扈特蒙古族男子皆穿高筒靴，但靴子样式有贫富之别。较富裕者，春、夏、秋季多穿靴尖上翘或是平底长筒香牛皮靴；生活水平中等或是贫困者，则穿塔尔寺康青靴（平头）

土尔扈特人服饰（2）

或克木靴（平头），冬季多穿毡筒或香牛皮靴子。民国后期，都喜穿哈拉哈毡靴。

靴子还具有在骑马、乘驼时踏镫护踝和夏防虫咬、冬御风寒之效果。中华人民共和国成立后，随着牧民生活水平的提高，交通工具有了极大改进，牧民中穿靴者也变得甚少。

装饰　额济纳旗土尔扈特蒙古族男子左、右两侧均系银质环佩，右环佩挂悬刀，左环佩挂火镰和烟袋套；前襟左腰间别褡裢（装鼻烟壶）；烟袋锅视其长短别在腰间或插在靴筒内；平时将刀子别在腰带上，若进入他人屋内，须将刀子从腰间取下。妇女多佩带银质耳环、手镯、

土尔扈特人服饰（3）

戒指，再在袍子腋下的台毕查（一种装饰）上各系一个银制环佩，右拴鼻烟壶，左挂浩布勒（针线包）。女子婚前均梳一条发辫，垂于身后。出嫁前夕，将一条发辫分梳成十二

条小辫，婚礼上再将十二条小辫梳成两条，然后在发辫两侧加拼上蒙古语称为"舒日古勒"的三股舒展假发，同发辫一起装入发套，分垂胸前，辫系银制或色彩各异的宝石首饰。

到了20世纪90年代，这些传统服饰已日趋简单，只有在婚礼或喜庆节日里，人们才穿蒙古袍，平时多以西装和其他流行服装为主。

食

额济纳旗蒙古族喜食茶食、奶食、肉食，佐食蔬菜。

茶食 额济纳旗蒙古族的一日三餐不能无茶。一般饮用青砖茶，其制法是用铜、铁、铝制饮具将水煮沸，视水量加入青砖茶和适量食盐即可，这种茶称为"黑茶"，清香扑鼻，而且助消化。在黑茶里加上适量鲜奶（牛、驼、羊奶均可），待茶色变成乳白，煮沸即可饮用，这种茶称为"白（奶）茶"，奶香浓郁，可口绵甜，有助消化、增食欲之功效。

奶食 额济纳旗蒙古族将奶食品统称为"查干伊德"（汉语意为白色的食品）。饮用型奶食品有鲜奶、酸奶、奶酒、奶茶，食用型奶食品有奶皮子、奶酥、奶油、奶酪蛋（奶豆腐）等。这些奶食品均美味可口、营养丰富。额济纳旗蒙古族仍使用传统方式制作奶食品。酸奶的制作

方法：将鲜奶放入木桶内进行搅拌使其发酵，直至酸香味溢出。饮酸奶可解热止渴、滋补气血。奶皮子的制作方法：将鲜奶入锅，文火煮沸后不断地用勺扬奶，直到奶面上出现泡层不便再扬为止。待冷却凝固后，将泡层奶皮慢慢夹出，放在平整用具上压展，折叠待用。奶油的制作方法：将鲜奶倒入木桶，用木棒徐徐搅动，待奶脂泡浮起后稍等片刻，取出白油，再将白油入锅，文火煮至水分全部蒸发后出锅。奶酥的制作方法：将制作奶油所余脱脂奶水入锅，文火煮，待水分蒸发后出锅，入布袋挤压控水，晾干即为奶酥。

肉食 额济纳旗蒙古族喜食牛、羊肉，不喜食驴肉和鱼虾。尤以羊肉的做法颇具特色，有羊背子、手抓肉、肉馅灌肥肠、灌血肠等美食。

羊背子，蒙古语称"乌查"或"秀斯"。其制法是将挑选的羊只宰杀后剥皮，去头、蹄、内脏、胸叉、先板（肩胛）骨上端脆骨、膝骨及与脖颈连接处的两根小肋骨，在确保羊背、羊尾完整的基础上，视羊背大小一般留3～5根肋骨（以撑平羊背），其余按骨骼关节卸成大块入锅。熟后，再照顺序依次摆盘。食时，唯先板肉请在座的长者分之。

手抓肉，蒙古语称"达力杜日

本温都日"。其制法是将羊腔肉按骨骼关节卸成若干块，冷水下锅，加食盐少许，煮至熟嫩即可。食时用手抓、刀割，不用其他餐具，故称"手抓肉"。

按照额济纳旗蒙古族吃手抓肉的习俗，一般情况下，用一块先板肉配4条肋骨和胸椎骨肉装盘上桌，请宾客进餐。若来宾中有嫂嫂坐客，需以胸脯肉相待，先板肉请长者分给在座者分享，而小孩子忌吃羊尾和桡骨肉。

清朝和民国时期，额济纳旗蒙古族的日常主食多以小米、大米、白面、青稞面、炒米为主，辅以肉食，并以萝卜、大蒜、葱和野生沙葱调味；1990年以后，以大米、白面为主，辅以肉食，佐食常见各类蔬菜。随着生活水平的提高，人们的饮食习惯也日趋多元化、健康化。

住

中华人民共和国成立前，额济纳旗蒙古族同胞不论僧俗，均住蒙古包或者元壁包（召老木、切金格日）、帐篷、少宝带。

蒙古包由木架、毛毡两大部分组成，外形呈圆平尖顶状。木架又分壁围（哈那）、撑杆（乌尼）、天窗（陶高努）、门（乌德）四部分。毛毡由围毡（图日嘎）、地毡（哈亚布其）、顶毡（德布日）、窗毡（鄂如和）、门毡（乌德敖日胡勒）五部分组成。毛毡的大小由围壁多少而定，多高则大、少矮则小。包内用品陈设、来客入座的习俗是：进门的左上方为来客入座处，左下方为家务活动处，右上方是主人用地，右下方为放置炊具和行炊用地。

随着时代发展、科学养畜的普及和经济收入的提高，1990年以后，额济纳旗蒙古族一改天幕式居所旧俗，住进了砖木结构的居室，结束了千百年来逐水草而居的游牧生活。

行

清朝和民国时期，蒙古族主要依靠马匹、骆驼来完成移牧搬家、传递信息、出牧走亲、来往贸易、兑换产品等生产活动。中华人民共和国成立后，特别是改革开放以来，除个别深居戈壁、山区的牧民乘骑马匹、骆驼外，绝大多数牧民家庭都开始使用越野汽车、摩托车等现代交通工具。

礼 俗

额济纳旗蒙古族在日常生活中，如路遇长者、亲友、熟人或逢年过节、走访亲友时，都十分注重礼节。牧区流传有"宁可折骨也不能失礼"的古训。

问 候

来客互相问好。如路遇长辈，若是乘马骑驼，须先下马（驼）后再向长辈请安，以示尊敬。晚辈在长辈面前说话要和气，以尊称呼之，不可直呼其名。入蒙古包后，要先向主人请安，问全家平安、牲畜兴旺、牧草丰美之后再道来意。

待客

额济纳旗蒙古族牧民虽深居草原、戈壁，却有着热情好客的民风。凡客临门，主人不管是否相识均以礼相待。

待客时，将酥油、奶皮、奶酪及油炸方便食品和茶水一并献上，沿袭"谁能负锅行路，待客饮食，自属应尽义务，何得需所"之遗俗。客人在饮茶叙话中，主人还会斟满美酒敬客人，以示对来客的尊敬。此时，如若客人道"不会"或推让再三不喝，主人便会认为所到之客瞧不起人，不愿与己以诚相待。因此，主人敬酒时，客人礼应接杯，能饮者尽饮，不饮者品尝少许将酒杯递还主人。待主人依次敬酒完毕，客人礼应斟酒回敬主人，以示谢意。

额济纳旗蒙古族还有特别尊重教师和远方贵客之俗。若是教师光临，全家老少会一起出门相迎，热情款待；若有远方贵客到来，主人会以手抓肉款待。客人临行，主人送出门，道走好、再见。

献哈达

此仪式是额济纳旗蒙古族迎送宾客、馈赠礼品、相互拜年时常行礼仪之一。向贵宾、长辈献哈达时，敬献者应向前弯腰，将哈达折口对准客人，双手伸平捧哈达过头（以示尊敬，否则为失礼）敬献；平辈人之间互赠时，双手平举哈达递向对方；长辈对晚辈行祝时，一般将哈达披搭项肩，有时也将哈达披其他礼品之上一并托起赠给。为渲染献哈达气氛，有时还吟唱吉祥如意祝赞歌。

敬鼻烟壶

额济纳旗蒙古族有相互敬鼻烟壶的传统，类似见面时握手问好之俗。他们在互敬鼻烟壶时的特殊礼节是：若是双方同辈，用右手心托壶互相交换，倒出少许烟末于手心，再用手指沾烟末送鼻孔吸闻后，互还烟壶；若对方是长辈，则先请其入座，晚辈屈身，双手捧壶敬之。小辈不嗅鼻烟。女子要先把鼻烟壶举于前额轻轻一碰，然后向前躬身，将烟壶盖打开一半，以左手扶壶、右手托起递给长者。

鼻烟壶精致美观、小巧玲珑、携带方便，一壶在手令人百看不厌，是额济纳旗蒙古族男子穿蒙古袍、束腰带时不可缺少的一种特殊装饰。

"乌嘎拉嘎"仪式

"乌嘎拉嘎"（汉语"洗三"之意）是额济纳旗蒙古族群众在婴儿出生

第三天举行的人生第一个喜庆（即洗澡、睡摇篮）仪式。

举行"乌嘎拉嘎"仪式的程序有：

筹　备

备好肉、奶、藏粑、油炸果（饼）、糖等一应食品，请喇嘛如时到家焚香诵经，邀请亲属、左邻右舍、朋友届时光临。

洗　礼

主人将各式食品摆上桌，并以礼向客人献茶。由祖母或守生婆用加少许食盐的温水给婴儿洗头遍澡，其意是愿孩子此后的财富像大海里的白宝取之不尽，永远富裕。再用松柏叶所煮之水洗第二遍澡，其意是祝愿孩子像松柏一样坚强，在人生的旅途中长命百岁、岁岁平安。之后用手指沾少许酥油抹婴儿前额，然后把婴儿放回母亲身边，恭请长者为婴儿赐名，洗礼结束。

宴　客

接上程序，应邀客人依次手捧礼物，口念祝词（多是祝愿健康成长、长大成才之类的吉祥语），用手指沾酥油抹到婴儿前额，将贺礼献给母亲，待祝赞词完毕，主人以丰盛宴席招待客人，直到全部来客一一辞别，整个仪式方告结束。

"达和"仪式

额济纳旗蒙古族群众有为子女（男三周岁、女四周岁）举行"达和"（汉语意为"剪胎发"）仪式的习俗。仪式时间一般选定在风和日丽、畜肥草美的金秋季节。

仪式程序大致如下：待客人到齐，主人用洁白的哈达托起盛满鲜奶的银碗，先请祝词者为孩子诵祝词；吟祝完毕，祝颂人举起盛满鲜奶的银碗，代表孩子家长向宾客说明用意；剪胎发的孩子将系有哈达的剪刀放在盛有奶食或父母赠给孩子礼品的盘子之上，先请孩子的舅舅剪第一撮头发（男孩从右边，女孩从左边），将剪下的头发及所赠礼品一同放在盘里。待所有来客剪发赠礼完毕，开"达和"宴。酒过三巡，主人会展喉高唱祝酒歌，以表达自己对来宾的谢意。

因路程或其他事耽误迟到，未亲手给小孩剪发的亲朋好友，可随到随剪和赠送礼物。主人同样热情款待。

被剪下的胎发包进哈达后入柜或置于高坡、庙宇附近。

婚嫁习俗

额济纳旗蒙古族土尔扈特部的婚嫁习俗具有鲜明特色。

求　婚

清朝和民国时期，男女青年择偶由家长决定。中华人民共和国成立后，恋爱自由，男女青年自己决定终身大事。在征求双方家长意见，明确婚姻关系时，由男方请媒人备哈达及一应礼品前往女方家求婚。女方家长允婚后，择日另行定亲。

定 亲

男方家长与善于辞令的提亲说媒人携带哈达及定亲所需一应礼品到女方家，请安，说明来意。过定亲礼（送给女方父母、兄弟姊妹每人一份礼物）之后，再在叙谈中循序渐进地将何日迎亲完婚等事宜全部商定。

婚前准备

双方家长置办嫁妆，约请主婚人（阿哈拉其）、伴娘（孛日根）。男方备齐新房（蒙古包）内西侧床、毡垫、被褥、居中的一对箱子、锅撑等家具；女方备齐东侧床、柜橱、佛龛、毡垫、被褥等家具。待新房内设家具；用品全部备齐后，男方便择吉日邀请双方长辈及亲朋到新房参加"新房落成仪式"（俗称喝新房茶）。

过 礼

完婚前一天，男方家同过礼者乘马携带过礼所需一应礼品到女方家，向女方父母献绵羊、哈达、衣物，以示答谢父母养育之恩；再向亲属及兄弟姊妹各赠送一份礼物之后，便将所带宴品摆上桌，双方在宴席中将具体迎娶事宜——互通商定，男方即策马而归。

迎 娶

按照选定的完婚日期，男方将蒙古包提前搬到距女方家不远处，待良辰举行婚礼。迎娶当天，迎亲人携带娶亲所需一应礼品在众人的美好祝愿下，策马驰奔女方家。进门后，男方主婚人向女方主婚人、长辈及宾朋一一问候，女方家献茶、摆宴迎接。待新娘打扮就绪，男方娶亲人即从女方伴娘手中接新娘上马，娶亲者请送亲人上马共绕女方家蒙古包一圈，然后拨转马头驰回新郎家。当新娘和娶亲队伍行至距新房不远时，新郎朝着新娘驶来方向鸣放礼炮迎接新娘。新娘行至新房门前，在双方伴娘照应下，到新房门前的白毡上，新郎以左手、新娘以右手握一羊胫骨，面朝东方跪拜天地（意即骨肉之情，永不分离）。

拜见"哈德玛"

新郎、新娘拜过天地后，伴娘陪新娘拜见"哈德玛"（公婆）。当行至婆婆门前，新娘欲入门时，有两位身强力壮（事先选定）的小伙子堵在门前，双方即行对答（可即兴发挥），以试高低。当双方的精彩对答赢得客人阵阵掌声和公婆默许后，方迎新娘登门。新娘入屋后隔着彩帐，借伴娘手向公婆及长辈敬献哈达、递鼻烟壶问好。公婆接过哈达后在哈达上放糖果和其他礼品，然后也通过伴娘手递给媳妇，以示婆家为媳妇掀掉盖头，露其容颜，使其成为家庭一员。

新房宴

新郎、新娘依次行过上述礼仪，请客人及双方家长到新房就座。主婚人代表双方家长向来宾请安问好、献茶、敬酒。在喜气洋洋的气氛中，宾客开始抢羊头、打火镰、赛马三项游戏比赛。比赛结束后，双方宾客各唱三首宴歌，相互敬酒，男方设整羊席款待宾客，称"新房宴"。

谢幕

婚后第三天，由双方伴娘将新房床前幕帐从蒙古包撑杆上卸下，铺在床上，新娘以主妇身份设宴招待客人，称"谢幕"。至此，主婚人当众宣布双方父母划拨给儿女的牲畜及资助新婚夫妇独立生活的其他财产。至此，整个婚礼仪式结束。

丧　葬

额济纳旗蒙古族丧葬礼俗一般为：人一过世，即请喇嘛到家念经超度，定日出殡，择地如期行葬，万事皆了，不再上坟祭祀。

葬法有两种。一是火葬，即在择好的葬地垛起柴禾（梭梭或柽柳）堆，将死者遗体置于柴垛上，引火焚化，将骨灰装入瓦罐或小红布包，送庙宇匿葬或择地掩埋。二是野葬，即把遗体置于驼背，驮至人迹稀少的荒野弃之，让野兽飞禽吞食。三日后，家人前去看视，若已被兽禽食尽，视为大吉；若尸体仍在，则再请喇嘛念经，以求速化。1950年以后，野葬习俗逐渐废弃，普行火葬。

额济纳旗蒙古族有为父母守孝49天或100天的习俗。在此期间，不参加婚礼、宴请，不剃头、刮须和梳理打扮，也不宰杀牲畜。孝期满则恢复常习。

春　节

额济纳旗蒙古族称春节为"查干萨日"（汉语意"白节"）。蒙古族视白色为伊始，象征纯洁、吉祥。进入农历腊月，额济纳旗蒙古族就开始缝制节日新装，准备各类食材、糖果和美酒，选好乘骑。腊月二十三这天，扫除房内屋外一切尘垢，做油炸果子，傍晚祭灶。

除夕之夜，全家人一起吃肉馅饺子，以示团圆、幸福。谁若是吃到钱饺子（饺子内包硬币），就象征着来年大吉大利、财源滚滚。然后"开羊头"（垫门槛把羊头上下颌扳开）献佛。最后是通宵达旦的家庭游艺（即玩"真德"，下蒙古象棋、猜谜语、玩羊踝等）活动。

初一清晨，大人、小孩都早早起床，穿上节日盛装，点燃篝火，拜祭天地，祈祷来年顺利、安康。全家人回屋，儿女们即捧起哈达向父母及兄长行礼拜年，长辈为晚辈逐个赐词祝福，祝贺新春愉快。晚辈向长辈敬酒、献礼品，长辈也回赐一些礼品及糖果等。全家人坐在一起吃年早茶，人人均要将表示吉祥的食品一一尝之。待太阳从东方冉冉升起时，牧人们便跨上早已备好的骏马或壮驼，三五成群地奔向亲戚朋友家拜年，直至正月十五方才结束。

那达慕盛会

史料记载，额济纳地区那达慕盛会始于清代。乾隆三十二年（1767年），旺扎勒策仁袭札萨克多罗贝勒之职，为表庆祝，举办了以赛马、射箭和摔跤竞技为主的那达慕盛会。

清光绪十八年（1892年）举办那达慕时，旗札萨克丹津逝世。为此，旗王府下令停止举办那达慕盛会。时至光绪二十五年（1899年），为庆祝达什袭任札萨克多罗贝勒之职，再次举办了全旗那达慕盛会。从此定为每隔三年举办一次。至1949年，额济纳旗共举办那达慕盛会八次。

中华人民共和国成立后的1955—1993年，额济纳旗共举办了九届那达慕盛会。每届那达慕盛会上，除有传统竞赛项目外，还增添了田径、球类、骆驼竞赛，文艺演出，社火、体操表演，物资交流，对各条战线的劳动模范和先进人物进行

表彰等新内容，使那达慕盛会更具时代朝气和地方特色。那达慕盛会多选在果实累累、牛羊肥壮的金秋九月举行，一般5～7天。

祭敖包

敖包（汉语意为"堆子"），最早用来在沙漠和戈壁中识别方向。同时，人们也用堆敖包这种方式来表达对家乡的纯朴感情。后来，随着藏传佛教的广泛传播，祭祀敖包习俗逐渐形成。

额济纳旗境内敖包大都用梭梭、胡杨木或石块垒扎。敖包呈圆形，顶竖一根高杆，上悬经文布条，周围插满树枝，设有祭祀时用来焚香、放供品的垫石。祭敖包的含意最初为祭天地、山川、水草之神，后来演变成祭祀家乡。到20世纪90年代，祭敖包已成为群众集会庆贺一年一度牧业丰收的民俗活动。

据《额济纳旗民族宗教志》记载，清朝和民国时期，额济纳旗牧民每年举行祭祀的敖包有7处。其中，较为著名的敖包有达西敖包（农历五月二十）、巴彦宝格德音敖包（农历五月二十）、瑙日金敖包（农历五月二十二）、赛音匹勒瑙日布音敖包（农历六月初五）、宝日敖包（农历七月二十）。

祭敖包大致可分血祭、酒祭两种形式。以杀羊供奉称血祭，以鲜奶、

祭敖包

奶油、奶酪、奶酒供奉称酒祭。《蒙古秘史》中称此仪式为"酒注礼"。按照额济纳旗蒙古族的传统习俗，祭敖包一般在上午举行。祭祀时，凡来参加的人都要在敖包上添石块、插树枝、敬献哈达，并把祭品虔诚地放在敖包前。当祭祀主持人吹响螺号、喇嘛诵经声起，祭祀人群从左向右绕敖包三周，祈祷来年风调雨顺、人畜兴旺。

祭礼完毕后，开始进行摔跤、赛马等竞赛活动，各项比赛的优胜者还会受到一定奖励。至此，祭祀仪式全部结束。

祭火神、灶神

额济纳旗蒙古族群众的传统观念中，火象征纯洁和神灵。灶火是氏族部落和家庭的保护神，其能赐予人们幸福与财富，能使家庭人丁兴旺。因此，人们对火神、灶神非常崇拜，平时用火小心谨慎，不让小孩玩火或从火上跨越；若是出门远行，先要祭火；从外归家要拾点柴放入炉灶，以示虔诚。

农历腊月二十三，人们将炉灶擦洗干净，将室内外扫净，按传统习俗祭灶。其祭法是将煮好的羊胸骨肉面朝上入盘，再把用藏粑捏成

祭敖包

的一只小羊和松柏叶、油炸饼、黄油、奶酪、奶皮子、红枣、核桃、酒、茶叶等祭品摆在盘子里，最上面放一条哈达，敬献灶神。

祭火一般在晚上进行。先点燃摆在火撑子上的梭梭或柽柳柴堆，待火苗燃起时，把摆满祭品的供桌置于蒙古包的左前方或前方，再把火撑子四根支柱上端的小油灯点燃。准备妥当后，到门口毡垫上跪下，先捧羊骨肉献火神，再将酒和一应供品取少许投入灶火，祈祷灶神保佑全家健康、儿孙满堂、岁岁平安、来年风调雨顺、牲畜兴旺。吟诵祝词时，全家老少依次跪地行磕头礼，然后全家人围坐一起品尝少许祭品。至此，祭灶神仪式结束。

禁　忌

称长辈或比自己年长者为"您"，忌称"你"；忌直呼长者其名，或用其他词代替。

忌在火炉上烤脚、跨越炉灶，不能在炉灶上磕烟头、摔东西，不能向炉灶扔脏物，不能用刀子挑火，也不能将刀子插入火中或用刀子从锅中取肉。

骑马或坐车到牧民家，要在距蒙古包稍远的地点下马或下车。入蒙古包时要注意着装，不可挽着衣袖，也不可提着马鞭子、棍棒、绳索等物进屋，要把鞭子等物立着放

在蒙古包门外右方。进蒙古包后（以进门分左右），男从右边坐，女到左边坐，忌坐佛龛前。先向主人问好，然后再问草场和牲畜等情况。临别时要向主人打招呼，并邀请主人到自己家做客，忌不声不响地离去。给客人敬酒、行礼时忌不戴帽子、不穿外衣，否则视为失礼。

到牧人家做客、出入蒙古包时，忌踩蹬门槛。

额济纳旗蒙古族忌讳在河水中沐浴和往水里扔垃圾。牧民有节约用水和注意保持河水、泉水清洁的习惯，他们视水为生命之源。

宗　教

额济纳旗域内藏传佛教、伊斯兰教、基督教三教并存。2015年，依法登记的宗教团体有达西却令庙、江其布那木德令寺、清真寺和基督教聚会点一处。宗教人士中有盟、旗政协委员2名、旗人大代表1名。额济纳旗对其中的两座寺庙进行统一管理。

藏传佛教

达西却令庙

始建于清乾隆十六年（1751年），即额济纳旗第三世贝勒罗卜藏达尔札萨克执政期间（1740—1767年），由七世达赖喇嘛亲自为此庙颁赐戒律。最初，达西却令庙建于查干赛日（今达来呼布镇乌苏

荣贵嘎查境内），后因遭水灾搬迁到淖尔音呼热。清嘉庆年间（1796—1820年），因潮湿翻浆而迁至温都日波日格（今苏泊淖尔苏木巴彦布拉格嘎查境内）。当时，达西却令庙青砖灰瓦、白墙绿树，建筑宏伟，南北长300余米，东西宽100余米，建筑面积达3万余平方米。东、南、西、北均有僧房，中部为经堂。寺庙东南方和西墙外为高大的白塔，北部有察察塔一座。据记载，该庙极盛时有喇嘛500多名。同治十二年（1873年）三月二十一，寺庙被焚毁。

旗民在孟格图的柽柳林间又修建了一座简陋的小庙进行法事活动。

1916年，达西却令庙迁址到赛日川吉（今苏泊淖尔苏木策克嘎查境内），俗称"老东庙"。1935年，日军特务强占寺庙的拉布楞（东西耳房）作为军火库。1936年冬，爱国志士苏剑啸、王德淦会同喇嘛雷德唐兀特焚毁日军军火库，达西却令庙也随之被焚毁。

1937年以后，旗王府搬迁到达来呼布。1940年，塔旺嘉布修建王府，在王府南4公里处的诺日金敖包下重建达西却令庙。至1946年，建有拉布楞经堂、朝格芹经堂、甘珠日经堂、神圣经堂各一座，另有大吉斯、古闹日格吉斯、农乃吉斯、袍格吉斯、神珠吉斯、甘珠日吉斯、芒来吉斯等。1949年，达西却令庙共有喇嘛90多名。

1968年，达西却令庙被毁坏。

达西却令庙大殿

1984年，党的宗教政策落实后，在逊都勒音赛日（昂茨河水闸西北2公里处）重建达西却令庙。

1994年，达西却令庙搬迁到达来呼布镇原人民银行办公楼西（今蒙元街）重建。

2014年，达西却令庙修缮工程完工。工程主要包括新建朝格芹经堂1座、活佛拉布楞1座、僧舍、时轮塔、如来八塔等，总建筑面积达1870平方米，于10月10日举行开光仪式。截至2015年底，达西却令庙共有教职人员11名。

江其布那木德令庙

始建于清光绪八年（1882年），即额济纳旧土尔扈特特别旗第八代札萨克丹津执政时期。由达西却令庙分离出来的喇嘛在额很吉格德赛日、当乌淖尔（今赛汉陶来苏木孟格图嘎查境内）兴建，额济纳旧土尔扈特特别旗札萨克丹津赐名，后世俗称"老西庙"。

1937年，老西庙被国民军军事专员办事处占据，被迫迁址到察茨（今赛汉陶来苏木老西庙南20公里处）。1944年，该庙僧众耗资数万，

1936年的老东庙（达西却令庙）　范长江／摄影

2009年，江其布那木德令庙举行开光典礼

从甘肃省高台县聘请工匠在呼和陶来（今东风镇宝日乌拉嘎查境内）动工兴建起承袭老西庙藏式粗犷、豪迈，又融中原建筑风格的庙宇，俗称"新西庙"。寺庙占地面积约40亩，由宝殿、前殿、后殿、大经殿、藏经楼和僧房组成，五座殿堂中有四座呈东西方向一字排开，第五座位于第一座和第二座庙址正南，与其他四座呈"T"字形分布。寺庙建筑风格既传统古典，又突出了藏传佛教寺庙建筑的特点。"老西庙"是当时额济纳旗规模最大的喇嘛寺院，有僧侣百余名。

1958年，为支援国防科研基地建设，江其布那木德令庙让出东风试验基地所需场区，喇嘛及全部资产并入达西却令庙。

77

1984年，旗政府出资修复江其布那木德令庙。1990年，信教群众自愿集资修复古闹日格经堂。至2008年，占地面积2000平方米，建筑面积96平方米。

2005年6月15日，在江其布那木德令庙举行了第四世伊杰喇嘛灵塔落成开光仪式。旗委、旗政府相关部门领导及500余名群众参加开光仪式。

截至2015年，额济纳旗正式登记的藏传佛教寺庙有两座，即达西却令庙和江其布那木德令庙；藏传佛教喇嘛24名，其中教职人员23名，信教群众4000多名。

伊斯兰教

伊斯兰教传入额济纳地区始于元代。额济纳旗和平解放时，有回族群众12人；至1990年，达到161人。为满足回族群众信仰伊斯兰教的需求，该教会发动信教群众于1987年自筹资金在达来呼布镇建起一座清真寺，时有阿訇1名，穆斯林180多人。

截至2015年，伊斯兰教清真寺有阿訇1名，教职人员7名，信教群众183名，经常参加宗教活动的伊斯兰教教徒124名。

基督教

20世纪80年代末，基督教从山东、河南等省传入额济纳旗。

1991—1993年，有信教群众22名，户籍均在额济纳旗。1995年，达来呼布镇基督教教徒共41名。

1997年，基督教教徒集资1.2万元，购买一处60平方米房屋作为宗教活动场所，活动形式为念经诵经，每周两次（星期三、星期日）。有主管人员5名，参加人数20多名。

1998年，旗委统战部会同旗民政民族宗教事务局联合向旗委、旗政府申请，对基督教进行依法认定。

2000年，全旗有基督教教徒67名，主管2名，每周一和周日开展活动，经常参加活动的有20人左右。基督教信徒每周聚会三次，经常参加活动的人数有30～40人。2010年，基督教有信徒70余名，无牧师，信徒们轮流执事，主要活动为诵经、过圣诞节。截至2015年，依法登记基督教活动点1处，信教群众70多名。

HUASHUONEIMENGGUeji'naqi

民 间 艺 术
MINJIANYISHU

额济纳的民歌、传说、民间曲艺、民间舞蹈、手工艺制作等，充分展示了蒙古族土尔扈特人的聪明才智，是中华民族文化不可或缺的组成部分。

民 歌

额济纳旗蒙古族土尔扈特部民歌以浓缩历史、抒发情感、增进友谊为主要内容，其来源有三：一是由额济纳河流域蒙古族土尔扈特人创作，二是由毗邻省区传入和其他各民族共同创作，三是随外藩蒙古喀尔喀部族流入。

土尔扈特部蒙古长调古老而独特，且极富情感，可在不同场合即兴发挥。如婚嫁、亲朋欢宴或迎送贵宾时的祝酒歌，赞美英雄或模范人物的颂歌，情人传情送意的情歌，忆昔喻今、赞美生活、弘扬时代精神的抒情歌，对各种不近情理的人和事进行鞭笞的讽刺歌等。当这些题材广泛、内容丰富、妙语连珠的歌声响起时，即便是从未与蒙古族接触过的客人，也会百感交集、畅怀豪饮。

旗民政民族宗教事务局收集了300余首民歌汇集成册——《土尔扈特民歌集》（蒙古文），其中，抒发思乡、念友、赞马、传情、祝酒等内容的歌曲占2 / 3以上。歌词以较强的哲理性，生动地抒发了迁徙的艰辛、丰收的喜庆、难忘的欢聚等情感。

土尔扈特部的长调民歌结构比较自由，多为两句式，音调优美舒展，字少腔长，适合咏叹；较完整地保留了蒙古族民歌五音调式风格，但其调式多用徵、羽、宫三个调式，商、角调式用得较少。土尔扈特民歌中的三连音和装饰音大都不固定，演唱者可根据自己的气息和现场气氛即兴延长或减短，这是其一大特点。在额济纳旗较为广泛流传的民歌有《土尔扈特，我的家乡》《额济纳兔来河》《云青马》《小青马》《小黄马》《汗浑迪努图克》《枣骝马》《大红马》等。

另一特点是主歌词咏毕，紧接其后的是一种固定的副歌。无论是迎宾还是亲朋相聚，凡唱完一首民歌副歌，歌者都会双手举杯敬嘉宾。

额济纳旗蒙古族民歌数量众多。喜庆之时，即使连唱三天三夜也无重复歌词。从这里步入歌坛并深受群众喜爱的著名歌手有藏盖、乌叶宝音、宝布、敖肯、力格杰、巴德玛、德德玛等。

中华人民共和国成立前，由于这里的生活环境恶劣，加之蒙古族人中识字者寥寥无几，很多古朴动听的旧土尔扈特民歌因无人整理而失传。

中华人民共和国成立后，在中国共产党的领导下，广大蒙古族群众用歌声抒发着自己对美好生活的赞美之情，抒情歌更加层出不穷。1983年，内蒙古人民出版社出版发行的《蒙古民歌一千首》一书选入额济纳旗民歌60余首。1988年，内蒙古人民出版社出版发行的《蒙古民歌丛书——阿拉善盟（上下集）》一书选入额济纳旗民歌150首。

下面节选部分额济纳旗民歌（歌词大意）。

离别家乡

清晨登上高山，
东方满天曙光，
回头眺望山后，
屹立着离别的家乡。

步步登上高山，
东方升起了太阳，
屹立在山下的家乡，
我将与你离别。

土尔扈特，我的家乡

高高的山顶哟，
飘着彩云。
美丽富饶的土尔扈特家乡啊，
我每时每刻无不在想念。
层层起伏的高山哟，
飘着白色的云彩。
似海如蜃的土尔扈特家乡啊，
我朝朝暮暮都在想念。

额济纳兔来河

额济纳兔来河的水，
汹涌奔流向远方。
风华正茂的郡王，
正是浓情意长。
巍峨雄壮的巴彦宝格德山，
千里迢迢在远方。
少壮英俊的我主，
念念不忘去探亲。
额济纳兔来河的水，
碧波如烟向东方。
四个苏木的章京，
念念不忘去探亲。

云青马

昆都伦的云青马啊，

真是匹神奇的骏马，

多么遥远的地方啊，

奔跑如飞即在眼前。

傍晚归巢的百鸟啊，

莫夸你翅膀的神速，

当你还在巢边啼叫时，

歌声未落我已到了。

小青马

小巧的铁青马，

抖擞长鬃显威风。

年轻漂亮的朋友，

表露了她的深情。

含情脉脉的眼睛，

是纯正善良的象征。

离别的时候泪汪汪，

相逢的时候笑盈盈。

风驰电掣的铁青马，

是马群里的精灵。

才华出众的年轻人，

是人群里的精英。

巴尔达尼克

在哈尔马克的路边，

有匹黑灰色的马，

为了亲爱的乡亲，

阿尔·巴尔达尼克牺牲了自己

宝贵的生命！

在那东布台河边，

有匹引颈长嘶的马，

为了受惊的人们，

阿尔·巴尔达尼克牺牲了自己

宝贵的生命！

在赛尔克拉特的渡口，

有匹剽悍强壮的马，

为了部族的安危，

阿尔·巴尔达尼克牺牲了自己

宝贵的生命！

传　说

在历史长河中，蒙古族土尔扈特人在吸收了各族劳动人民文化精髓的基础上，创造出了许许多多可歌可泣、广为流传的民间传说。

额济纳旗土尔扈特民间传说多以口口相传的方式保留下来，情节夸张、充满幻想，多采用象征、比喻等修辞手法，表达了人们对英雄模范的赞颂、对恶劣行径的痛斥与揭露、对封建婚约的反抗、对美好生活的向往等。

土尔扈特蒙古部族口头文学中流传最广、历时最长的是《江格尔》，还有史诗《格萨尔王传》。早期流传的故事有《月亮公主的故事》《神户的故事》《阿尔吉·布尔吉汗传》《西德库尔的故事》《塔尔加·陶尔部侬的故事》《文成公主婚配松赞干布的故事》《比格尔木吉德的故事》。广为流传的民间传说有《黑将军的传说》《云青马的传说》《居延海的传说》《嘎顺淖尔的传说》《居延海卧牛石的传说》《骆驼为什么没进十二属相》《阿尔·巴尔达尼克勇士的传说》《放牛犊的小伙子》《莫尔根特翁》《希日布的故事》《大脑子和大胆子》《猫鼠哥俩的故事》等。1980年，旗民政民族宗教事务局、旗文化馆开展民间传说和故事的搜集整理工作。1984年，将征集的50余首民间故事、传说整理成册并内部发行。1989年，由甘肃省民族出版社出版发行的《西蒙古卫拉特传说故事集》一书中，收录额济纳旗民间传说10余篇。

下面节选部分土尔扈特民间传说。

骆驼为什么没进十二属相

玉皇大帝要为人类挑选十二生肖，以便计算生辰年龄。动物们听了纷纷前去应选。唯独骆驼不慌不忙，认为自己块头大、个儿高，就是不去也肯定少不了它。没想到，十二生肖公布后却没有它，这可把骆驼气坏了，便怒气冲冲地去打官司。

"小小的老鼠居然能选为十二生肖之首，而身材魁梧、相貌堂堂的骆驼我却没有被选上，这是什么道理？"

玉皇大帝听它这么一说，竟也感到是自己失职了，但他立刻脑筋一转巧妙地回答："骆驼哟，你不要生气嘛。依我看，你当不当十二生肖里的属相都没有关系，重要的

是大家怎样看你。其实你已经具备了选入十二生肖的所有条件。你看你，长有——

老鼠的耳朵马的鼻子

老牛的蹄形羊的毛绒

老虎的嘴巴猴的大腿

兔子的嘴唇鸡的头

龙的脖颈狗的牙齿

蛇的眼睛猪的肥臀

这你还有什么不高兴的？"

骆驼听了这些话后，心里美滋滋的，官司也不打了，高高兴兴地回家去了。

云青马的传说

相传，在额济纳草原上曾有个年轻的牧马人，他家世世代代居住在巴嘎洪格日吉山下居延海畔的昆都伦，祖祖辈辈为土尔扈特王爷放牧马群。人们称他为"阿都沁"。他身材高大、膀阔腰圆、勇敢坚强、力大无比。可是，奔腾的马群每天把他折腾得好苦。他节衣缩食，攒钱买了一匹三岁的青骒马。他给它喝最清澈的水，吃最甘甜的草，想着等它膘肥体壮，为它配上一匹最好的儿马，一那它定会生出一匹骏马。到那时，他放牧马群就能得心应手，不用再受苦了。一个清朗的夏夜，阿都沁在他的包房门前拉起了马头琴。悠扬动人的琴声传入水底的龙宫。这时，从居延海跃出一

匹湛蓝的儿马，上岸引着青骡马奔向湖畔茂密的芦苇丛。第二年春天，青骡马生下了一匹云青色的公马驹。

黑城的传说

在额济纳旗境内的古弱水河东岸，距离额济纳旗人民政府所在地达来呼布镇东南35公里的戈壁上，有一座西夏、元代的古城遗址。每当人们慕名到此游览，行至距古城10余里时，就能望见高耸在古城西北角上的那座著名的白塔。在缥缈的浮云中，白塔时隐时现，神秘莫测。

相传，很久以前，有位名叫哈拉巴特尔（汉语"黑英雄"之意）的蒙古族将军在此筑城镇守。久而久之，人们便称哈拉巴特尔为"黑将军"，此城便被称作"黑城"。

哈拉巴特尔骁勇善战，深得皇帝欢心，不但被晋升为将军，皇帝还将自己的小女儿许配给他做夫人。

后来，黑将军羽翼渐丰，势力日盛，竟然觊觎皇权，企图一统天下。但黑将军与心腹密谋怎样篡夺皇位的事被公主得知。她便将黑将军阴谋篡权的消息报告给了父皇。

皇帝在盛怒之下立即派出数万大军进攻黑城，并悬赏捉拿哈拉巴特尔。但是大军攻袭许久，却没有取得根本性胜利，为了不让黑将军逃脱，只好把黑城围困起来。

皇帝得知黑城久攻不破的消息

后，便请巫师卜卦，巫师说："黑城地高河低，官军在城外打井无水，而城内军民却不见饥渴之象。可见，城中必有暗道通水，如将水道堵截，则必胜无疑。"

于是，皇帝又增派一万大军赶赴鄂木讷河上游的咽喉部位。随着巫师们诵《护律·夏拉毕其格》的声音，军士们用头盔盛着沙土，很快筑起一道巨大的土坝，截断了河水。

不几日，只见城内人畜饥渴，近城的禾苗枯萎。黑将军命令士兵在城内掘井。然而，挖掘中每每眼见井口出水，一会儿却又不见了，这样挖到八十丈深还是不出水。在饥渴难忍、万般无奈的情形下，黑将军只得下令准备突围。临行前，他把全城的金银财宝投入枯井中，又对自己的一双儿女说："你们去做财宝的主人吧。"随后，便将两个孩子活活埋入深井，并祈愿说："愿来日有个骑秃头青牡牛的人取走我的财宝。"又令士兵连夜凿通北部城墙，率领城内全部兵马冲出，杀开一条血路，突围北上。

传说，在黑城方圆二十里的地方打井都没有水，这是因为当时皇帝所派数万大军堵塞河道时，巫师诵《护律·夏拉毕其格》所致。在城池内，每当风雨过后都能见到青、白色两条长蛇，那就是黑将军两个孩子的化身。黑城附近因无水而枯死的树木都向着黑将军突围出逃的东北方向倒伏……

至今，在黑城遗址北城墙有一处可容骑驼者进出的缺口，相传就是当年黑将军突围的洞口；城池西北角的大坑，相传就是当年用来埋藏全城财宝的那口枯井；至于骑秃头青牡牛的人，就是乘坐汽车的游客；而被当地人称为"宝德格波日格"的高大沙岭，相传就是当年皇帝大军截水所筑的大坝。黑城附近枯木倒向东北是因长期缺水和当地常刮西风所致。

额济纳来历的传说

居住在额济纳旗的蒙古族土尔扈特人的远祖名叫阿喇布珠尔。传说，阿喇布珠尔是土尔扈特部诺彦的小儿子。阿喇布珠尔出生时两手各握一团血块，诺彦听后心生狐疑，认为这是不祥之兆，便对夫人说："这孩子手握血块出生，如果不除掉他，就会给宗室带来灾难。"于是准备把阿喇布珠尔抛弃在荒野。阿喇布珠尔的母亲于心不忍，便劝诺彦说："既然他命里注定是我们的孩子，而且已经降生了，就不要现在抛弃他，等他长到十八岁的时候，再把他流放到没人烟的地方也不迟啊。"阿喇布珠尔的父亲此时也动了恻隐之心，便同意了夫人的请求。

阿喇布珠尔十八岁那年，老诺彦向他说明了原委，并征询他的意见，问他："你要走了，你想拿些什么呢？"

阿喇布珠尔含泪说："我就带走十二户有技能的人家吧。"于是，诺彦给了他勇士、射手、密探、角力、巫师、相士、礼仪、郎中、工匠、歌伎、牧人和谋士十二户人家，然后派重兵将阿喇布珠尔等人押解到荒野戈壁。

阿喇布珠尔领着十二户人家逐水草游牧，最后走到一处森林茂密、水草丰美、禽兽出没、两河环绕的无主草原地带，大家都非常高兴。阿喇布珠尔为了请求皇帝把这片草原赐给他，便带着谋士乘驼走了几千里路来到京城，觐见皇帝。

当皇帝召见阿喇布珠尔时，阿喇布珠尔叩首称臣，请求道："皇上，我们是没有领地的流浪者，愿终身为圣主的顺民，请圣上赐给我们立身之地吧。"

皇帝问道："尔等之意，将在何处居住放牧？"

阿喇布珠尔一时心急，竟冒失地说："在京城西北几千里处有一片有山有水、有树有草的无主之地，请圣上赐给我们作为立身之地吧"。

皇帝一听这话，很是生气，厉声喝道："胡说！普天之下，莫非王土；率土之滨，莫非王臣。怎么会有无主之地呢！"

跪在阿喇布珠尔身旁的谋士一听阿喇布珠尔说错了话，便抢前禀告："皇上息怒，阿喇布珠尔是说那个地方名叫额济纳高勒，意思是有主之河。"

皇帝这才转怒为喜，顺口说："那好，尔等就以额济纳高勒为游牧之地吧。"

从此，这个地方就被称作"有主之河"——额济纳高勒，后来渐渐演化成额济纳。

卧牛石的传说

在居延海往西不远处有两颗大石头，当地人称"木胡日楚伦"（卧牛石）。相传很久以前，西（居延）海和东（居延）海是连在一起的，叫作"天池"。有一年，西王母在天池边设宴，款待各路神仙，唯独忘了邀请花果仙子。这下可激怒了这位女神，她放出自己的坐骑长毛鹿王，下凡到天池边兴妖作怪。东海龙王的儿子白龙率领众弟子前去降妖，各路神仙也来助战，都要与这个妖孽比试高下。经过七七四十九天的交战，白龙身负重伤，其弟子伤亡大半，丢盔弃甲，败下阵来。此事惊动了西王母，她立即派雷公出阵降妖，以解众仙之危难。仅几个回合，长毛鹿王就遍体鳞伤，拖着断臂跳入天池以求生

路。但天池仙境，岂容妖孽玷污。西王母急忙拔出发簪在天池划了一道，把天池分为两块，这样，天池的污水便被隔开了。白龙弟子再次向鹿妖发起猛烈攻击。鹿妖难以招架，便跳出西海向东海逃去。眼看着妖孽就要跳进东海，西王母着急了，顺手将一对健身球弹出，一声巨雷响彻云霄，顷刻间，长毛鹿王被打入十八层地狱。为了防止东海的圣水受到污染，西王母忍痛割爱，没有收回那两颗镇妖的健身球，并把它们点化成两头神牛，永远守护着圣洁的天池。当地人称"木胡日楚伦"，汉语意为"卧牛石"。木胡日楚伦现为额济纳旗保护历史文化遗址，设为传说保护地，不允许在半径两公里内挖取沙土和修建各类设施，也不得移动和破坏保护地内自然物。

成吉思汗午休地的传说

传说，当年圣祖成吉思汗亲自率10万蒙古铁骑从漠北下额济纳河，征伐西夏国。途中，在东、西居延海畔扎营休整部队。据说东居延海西岸高台地的那九块巨石就是成吉思汗午休时支锅煮肉的地方，当地人称"土拉嘎音楚伦"，汉语意为"锅撑子"。再向西不远有一处高出地面的土堆，形同狗窝，蒙古语称"嘎尔子音阿木"，汉语意

为"藏獒"。老人们说,大汗曾在那里饲养过军犬。

民间曲艺

额济纳旗民间曲艺主要包括以唱为主的蒙古语好来宝,以说为主的汉语相声、快板、数来宝等。其中,蒙古语好来宝因其表演形式简单,演唱内容通俗易懂,深受广大群众喜爱。

好来宝,系蒙古语,意为联韵。以唱为主,四句或两句一首(节),各句之间第一个音节谐韵,也可兼押复韵、尾韵,各首之间可联韵或交叉换韵。长短不同,短的三五分钟表演完毕,长的则能表演数小时。内容丰富,有表达思乡之情和儿女情谊的,有描述风土人情、生产建设的,还有歌颂伟大祖国和教授科普知识的,等等。好来宝的节奏轻快活泼,唱词朴实幽默。表演者多为男性,用四胡伴奏,分单口(自拉自唱)、对口(两人问答或论理式)、群口(4~8人,分齐唱、领唱、对唱式)三种表演形式。额济纳旗乌兰牧骑已故演员德·班吉拉格其呼创作了大量内容丰富、广为流传的好来宝作品。

民间器乐

陶布秀尔

陶布秀尔是蒙古族传统无品弹拨乐器,流行于卫拉特蒙古部族,清代《钦定皇舆西域图志》和《御制五体清文鉴》中均有关于陶布秀尔的记载。《钦定皇舆西域图志》卷四十对陶布秀尔的各部件的大小尺寸做了较为详细的描述:"图布舒尔(陶布秀尔)即二弦也,以木为槽,形方,底有孔……"

陶布秀尔由琴箱、琴杆、琴头、内外轴、内外弦、上下码子等部件构成。造型多样，琴头有羊头、骆驼头、马头、狼头等装饰物。传统的陶布秀尔多选用樟木、榆树或沙枣树等木质坚硬的材料做琴身，长度为 70～80 厘米。琴弦用山羊细肠制成，蒙古语称"永胡尔"，经过改良的现代琴弦多为尼龙弦。琴杆长约 45 厘米，琴弦共两根，琴轴多由柽柳木制成，楔于琴头两侧。定弦多为四度 la-re，音域可达两个八度，但在实际演奏中为一个八度内，常用 do-re-mi-sol-la。

陶布秀尔弹唱大赛

陶布秀尔弹唱

演奏陶布秀尔时，演奏者要上半身放松，右腿翘放在左腿上，将琴身的凹处放于右大腿上，左手大拇指根与虎口捏住琴颈，指尖按弦，按准音高是把握旋律的关键。有时如需加入阻断音的音响效果，左手无名指还要对琴弦进行拍打。由于陶布秀尔曲目的音域一般不会超过一个八度，所以可以不用换把位，右手并拢弯曲进行拨弦、扫弦、勾弦，同时要求手臂和手腕协调配合。

演奏技巧多样，右手可弹、双弹、拨、挑、双挑、勾、扫弦和阻断等，左手可按、拍打、拨、勾、往上吸等。

演奏形式也较为灵活，既可以独奏、重奏、齐奏，还可以同马头琴组合演奏。民间陶布秀尔最主要的作用就是作为伴奏乐器为民俗活动中的说唱音乐江格尔、民歌和舞蹈伴奏。陶布秀尔独奏曲目较为著名的有《拜吾勒森》；陶布秀尔为民歌伴奏较著名的有《金纽扣》《想念母亲》《摇篮曲》《洁白的哈达》等；陶布秀尔为舞蹈萨吾日登伴奏时，较著名的乐曲有《索兰萨吾日登》《锡伯萨吾日登》《霍勒曼萨吾日登》《少女萨吾日登》《特吾肯萨吾日登》等。陶布秀尔既可以弹奏热情的舞曲，又可以演奏委婉抒情的旋律。有了陶布秀尔的伴奏，萨吾日登舞蹈的美妙便可发挥到极致。

马头琴

马头琴在蒙古族民间有多个不同名称，内蒙古西部地区称其为"莫林胡兀尔"，阿拉善盟额济纳旗土尔扈特蒙古部族老人称之为"胡兀日"。马头琴是蒙古族最具代表性的乐器之一，是蒙古族传统文化的象征和标志。现代马头琴基本分为高音、中音和次中音三种。高音马头琴共鸣箱为木制，面板以松木为料，边板与背板用枫木制成，形状同中音马头琴相似，只是体积略小些，共鸣箱背板稍微鼓起来。次中音马头琴基本上与高音马头琴相同，只是共鸣箱稍大、稍厚些。

马头琴由弓子和琴组成，琴由琴体、琴首、琴杆和弦组成，弓子由弓杆和弓毛组成。

马头琴属于弓弦类拉奏乐器，拉奏方法与其他拉弦乐器不同，琴弓的弓毛不夹在里、外弦之间，而是在两弦外面擦奏，所以它具有独特的音色——柔和、浑厚、苍凉，具有浓郁的草原韵味。从演奏弓法看，右手弓法有长弓、半弓、短弓、跳弓、连弓、分弓、连跳弓、顿弓、打弓、击弓、碎弓和抖弓等。

20世纪60年代以前，额济纳旗蒙古族几乎家家备有马头琴，其是开展文化娱乐活动、沟通感情、切磋技艺的主要形式之一。客人到访时，来客首先要接过主人递上的马头琴，奏一段自己熟悉的乐曲，作为问候。经常演奏的曲目有《矫农哈日》《优若勒图》等。古日乃苏木牧民贡嘎尔是额济纳地区民间马头琴手的代表人物。

2009年4月，额济纳旗成立马头琴协会。协会由蒙古族、汉族、满族、藏族等60余名民族音乐爱好者组成，其中中小学生30余人，青年和老年人30余人。

民间舞蹈
萨吾日登

萨吾日登源于卫拉特蒙古部族，是一种融歌、乐、舞为一体的艺术表现形式。"萨吾日"一词可以用来形容风声、弹羊毛、马头甩动等动态，而卫拉特蒙古部族人也把人手与牲畜的前肢叫作"萨吾日"。因此，有人认为"萨吾日登"一词是指马的一种步子等。

萨吾日登表演常用陶布秀尔现场伴奏，其旋律优美动听、节奏欢快多变。萨吾日登不像其他舞蹈那样对音乐的节奏、旋律与舞蹈动作有整齐划一的特定要求，它可以在同一首音乐中，根据个人掌握的舞蹈套路和技能，自由组合，即兴表演。表演方式有独舞、双人舞、群舞等，队形可自由变化。内容有表现劳动和日常生活的，如挤奶、捣奶、套马、

献茶、敬酒、擀毡、播种、收割等；有表现妇女生活的，如照镜子、描眉毛、梳辫子等；有模仿动物的，如模仿雄鹰翱翔和山羊跳跃，模仿马的各种步态及鸟类的各种动作等。

萨吾日登舞蹈的整体动作主要包括以下几个部分：肩部有硬肩、碎抖肩、笑肩，手部有硬手、碎抖手背，腕部有压腕、提腕、推腕、拉腕、绕腕；步伐有后点步、踏步、碾步、马蹄碎步、挪步。

舞蹈内容共12个类别，分别是爱来德比里格萨吾日登、黑走马萨吾日登、拖步肯萨吾日登、胡尔登萨吾日登、哈努村萨吾日登、乌孙乃多里赶萨吾日登、锡伯德里邓萨吾日登、索伦萨吾日登、房门萨吾日登、绸巾萨吾日登、解绳萨吾日登、乌如克特可。

查玛舞

"查玛"一词在藏语中为"羌姆"，意为"跳鬼""送祟"。它是蒙藏宗教文化融合过程中"以舞传佛"的标志性舞蹈。查玛舞是由受过一定舞蹈训练的喇嘛饰戴诸神、鸟兽类等面具，在各种吹奏乐和打击乐器的伴奏下，手持道具（法器）表演的一种舞蹈形式。

据史料记载，查玛舞有400多年的历史，随着喇嘛教在蒙古草原的兴起而被广泛传播。最初的舞蹈

动作来源于藏族舞蹈，后来又吸收了蒙古族舞蹈的技巧和风俗民情，最终成为蒙古族、藏族宗教文化结合的产物。2005年，在乌兰牧骑的努力下，额济纳旗的查玛舞得以重现并发展。

查玛舞是融舞蹈、歌剧、音乐、美术、油塑、木偶等为一体的综合性艺术，内容上可分为赞颂舞、欢乐舞、鸟兽舞。

查玛舞共有14个舞段，时长约40分钟。查玛舞形式严谨、动作规范、情节紧凑，具有仪式化、程式化、规范化的特点。其人物形象逼真，表现手法丰富，通过扮演诸神以及动作和形体舞蹈配合音乐的形式，把藏传佛教深奥的佛法、教义淋漓尽致地表现出来。这种生动传神的舞蹈形式迎合了藏传佛教发展的需要，使其在人民群众中得

查玛舞

查玛舞

到普及，并最终达到娱乐和以舞传教的目的。查玛舞集独舞、双人舞、群舞为一体，亦可穿插即兴表演。查玛舞者常以踢、踏、腾、挪、跳、踩、蹲、擦等动作体现意境。舞蹈临近结束时，以圈为中心，全部演员围圈起舞，将舞蹈表演推向高潮。

民间手工技艺

额济纳旗的民间手工技艺源远流长、种类繁多，具有实用价值、艺术价值、人文价值、经济价值。

刺　绣

用各色彩线在丝绸、棉布、毛毡、服饰上绣出造型各异的民族图案。早期刺绣多以鸟兽、十二属相为主。毡绣作品多为驼鞍、大小驼褡裢、茶叶袋、筷子袋、锅垫子、碗袋、碗盘垫子和蒙古包内的地毡等日常生活用品。2002 年以后，以山水、花卉、鸟兽、民族图案、美术字体和现代图案为主。

土尔扈特服饰制作

自清康熙年间起，额济纳土尔扈特蒙古部族服饰在选料、制作等方面就有着明显的地域特征。土尔扈特服饰装饰，例如帽子、长袍、坎肩、摔跤衣、赛马服、靴、烟荷包、鼻烟壶褡裢、碗袋、针线包等，都绣有一定样式的图案。这些图案富有生活气息、粗犷有力、对比鲜明。男装体现庄重、威严、阳刚之

土尔扈特人服饰

美，女装则具华丽、典雅、精美的特点。夏天穿单褂；春秋穿夹袍与薄棉袍；冬季穿羊皮袍，外披长毛羔皮大衣。

2000 年以后，额济纳土尔扈特蒙古部族服饰融入现代工艺制作理念，款式独特、种类繁多，展示了土尔扈特蒙古部族的民族传统文化和当代土尔扈特人的精神风貌。2010 年，土尔扈特服饰被列入第三批内蒙古自治区级非物质文化遗产名录。

金属工艺制作

　　额济纳旗民间工匠包括铁匠、银匠、木匠。通常加工银碗、耳环、耳坠、戒指、手镯、佛灯、酒壶、酒杯、烟锅头、刀鞘、鞍环、马嚼子等日用装饰和生产用具。也制作

生活用具（1）

马鞍

生活用具（2）

生活用具（3）

生活用具（4）

加工蒙古包门、窗、哈那、乌尼、
家具、碗柜、火炉、火剪、火铲等
实用器具。

驼具制作

骆驼是人类驯化较早的家畜之
一，历史上一直是"丝绸之路"上
最重要的交通工具。经过长期牧业
生产实践，驼具成为土尔扈特蒙古
部族重要的生产生活资料。驼具文
化是额济纳地区土尔扈特蒙古部族

削鼻棍比赛

搓驼绳比赛

驼骨雕刻作品

独特的民族文化之一。2008年，蒙古族养驼习俗（驼具制作）列入第二批国家级非物质文化遗产名录名录。

驼具从用途上可分为骑乘类、驮运类、驯化类、工艺观赏类。驯化类驼具包括鼻棍、驼铃、驼印用具、阉驼用具、驼褡裢等。从架构上可分为绳类和鞍类。绳类驼具包括笼头、缰绳、驼绊。其中，笼头包括公驼笼头、驼羔笼头、骑驼笼头、母驼系绳，缰绳包括驯驼绳、套驼绳、骑驼绳、大绳、蹄绳、拴绳。鞍类可分为骑鞍和驮鞍两类。

驼具的制作大多就地取材，如皮毛、红柳、手工毛毡、牛羊角、金属等，需300多道流程，做工时简时繁，结构错综复杂。

传统作坊制作的工具有蒙古刀、萨巴（掸毛用具）、额尔古勒格（合绳用具）、特奔（缝制驼笼头、肚带、毛毡、毛口袋等制品的针）、额如勒（打驼毛线用具）、海如勒（烫阉骆驼的工具）等。

名胜古迹

HUASHUONEIMENGGUeji'naqi

名　胜　古　迹

MINGSHENGGUJI

不论是苍茫的戈壁、浩瀚的沙漠，还是关隘要地、丝路古道，都是上天赐予额济纳大地的宝藏。

戈壁绿洲
戈　壁

戈壁，蒙古语称"瀚海""沙碛"，有"砾石荒漠""干旱的地方"等含义。额济纳河和三角绿洲将额济纳旗境内的戈壁区分割成西、中、东三大部分。全旗戈壁面积为607752.15公顷，占全旗总面积的5.93%。地质学家认为，200万年以来，特别是中、晚更新世时期，中国西部地势不断上升，气候干燥，戈壁区面积不断扩大。这些地带表面沉积的砂岩、粉砂质泥岩以及砂砾岩等比较疏松的岩体不断被风化剥蚀，变成大量碎屑物质。这些大小混杂的碎屑物质从山上崩解下来，在山脚下堆积

额济纳河

黑戈壁 吴英凯／摄影

起来。在洪水的作用下，被冲到较远的山麓地带，形成大面积的洪积平原。

西戈壁

当地人称"黑戈壁"，位于额济纳河以西，南与甘肃省金塔县连接，北至中、蒙两国边界。西戈壁由吉格德查干、巴拉吉日敖包戈壁组成。面积约 303876.07 公顷，占戈壁总面积的 50%。

黑戈壁曾经是中国西部广袤的无人区，由于干旱少雨，商旅需驮水行走。黑戈壁又被称为"连四旱"之地，即连续四天四夜无处觅水之地。即便如此，几千年来，黑戈壁仍然是丝绸之路的必经之地。

中戈壁

额济纳河被巴彦宝格德山分成东、西两河后，在三角绿洲中间地带形成中戈壁，以安都戈壁为主体，由南向北延伸形成戈壁滩。面积约30387.61公顷，占戈壁面积的5%。

东戈壁

额济纳河以东，由南向北延伸的广袤戈壁区，由喇嘛墩、呼和乌拉、哈日苏海、哈日波日格、宝日川吉音戈壁相连组成。面积约273488.47公顷，占戈壁面积的45%。

绿洲

额济纳河两岸的冲积平原——额济纳绿洲，地跨阿拉善活化台块和北山断带两个单元，单元间是弱

居延海

额济纳戈壁

水断裂带。地势由西南向东北逐渐倾斜，呈四周高、中间低平状，海拔高度900～1100米。南接黑河下游上段的鼎新绿洲，北连苏泊淖尔（东居延海）和嘎顺淖尔（西居延海），西抵马鬃山和北山相连的山脉，东连巴丹吉林沙漠。在这片29362.54平方公里的土地上（包括绿洲、湖盆和部分戈壁）上，分布着大面积天然次生林。其中，有胡杨林44万亩，沙枣林5万亩，胡杨沙枣混交疏林10万亩，柽柳林150万亩，梭梭林378万亩。这些林木生长在风水剥蚀的低山残丘，流动半流动沙漠，荒凉、贫瘠、裸露的广袤戈壁上，是内蒙古自治区西部荒漠地区的珍贵乔灌林木。这片天然次生林既是畜牧业的主体草场，又是防风固沙和保护自然环境的天然屏障，是荒漠中生命的依托。

落日居延海

红草滩 吴英凯／摄影

夏韵

弱水金沙湾

瀚海流沙

先秦时期，居延地区被称为"瀚海流沙"。境内的巴丹吉林沙漠位于额济纳旗和阿拉善右旗交界处，东至巴彦乌拉山及雅布赖山，西抵马鬃山，南濒北大山，北邻宗乃山。

巴丹吉林沙漠是中国第三大沙漠，总面积4.7万平方公里，被誉为"上帝画下最美的弧线"。其中，奇峰、鸣沙、湖泊、神泉、寺庙堪称巴丹吉林沙漠的"五绝"。受风力作用，沙丘呈现沧海巨浪、巍巍古塔之奇观，是探险旅游和摄影创作的绝佳去处。沙粒中还含有丰富的矿物质，对治疗关节炎、肩周炎及腰腿痛具有奇效。

巴丹吉林沙漠具有四个特点：

一是高大沙山密集分布，其面积约占沙漠总面积的61%，主要集中在沙漠中部。一般沙山高度为200～300米，最高可达500余米，是我国沙漠高度之最。沙山按其形态特征可分为三种：第一种为迎风坡具有叠置沙丘的复合型沙山，沙山一般长5～10公里、宽1～3公里，中部高、两端低，在迎风坡上有一坡折，因而使迎风坡有两种坡度，背风坡则十分陡峻。又由于迎风坡上次一级叠置沙丘除受当地主风作用外，还受沙山本身流沙障碍影响而产生局部气流，从而形成沙

沙海

沙海

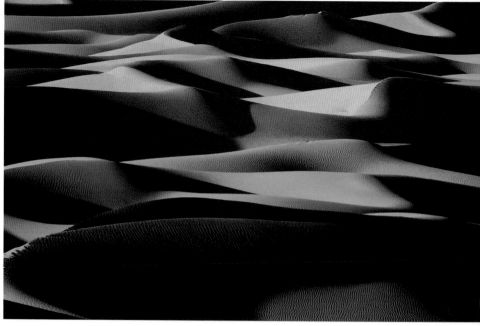

流沙

丘链或横向沙垄，也有格状沙丘。第二种也是巨大沙山，但迎风坡上无明显的叠置沙丘链。第三种是金字塔状沙山，主要分布在沙漠南部及东部邻近山岭地带，并且多在山岭迎风面部位，往往孤立分布。这种高大沙山的形成是自然界物质形态变迁的结果，决非"上帝降沙"。1886年11月，俄国科学考察家波塔宁曾穿越巴丹吉林沙漠，在其《中国的唐古特——西藏边区与中央蒙古》一书中，波塔宁证实，沙漠中确有中国古代旅行家所记载的那种"神妖说话"似的神秘声音，但是波塔宁指出，这纯粹是沙漠"沙石啸鸣"的自然现象。二是巴丹吉林

流沙

沙山

流沙

沙漠内，沙山沙丘、风蚀洼地、剥蚀山丘、湖泊盆地和谷地交错分布，以流动沙丘为主，约占沙漠总面积的83%。但是在流沙及沙山上仍然生长有稀疏植物，主要包括菊科、禾本科、藜科、豆科、蒺藜科以及杨柳科等。在邻近额济纳旗一带，生长有沙枣、籽蒿、花棒、麻黄、木蓼等。这些生长在沙山上的植物，证明巴丹吉林沙漠并非是生命禁区。

三是在一些高大沙山和低矮沙丘之间，有144个内陆湖泊（蒙古语称"淖尔"）。这些湖泊主要集中在沙漠东南部，面积一般在1平方公里左右，最大的有1.5平方公里，湖水最深处达6.2米。由于蒸发强烈，湖泊盐分含量高、矿化度高，水咸，不能饮用或灌溉。但是在湖盆边缘地下1~3米处及某些小湖泊中心沼泽地上有泉水出露，这部分水流均系沙丘承压水，为矿化度每升小于1克的淡水，可供饮用。

四是巴丹吉林沙漠边缘地带广泛分布着梭梭林，面积有3000余平方公里，主要在古日乃湖、拐子湖附近。由于这一地区处于湖盆周围或洪积平原及三角洲前缘潜水位较高地带，水分条件较好，因而利于植物生长。

千年胡杨

　　古代，胡杨被称作"胡桐"，蒙古语称"陶来"，是第三纪地质变化时幸存下来的古老杨树品种。胡杨树耐干旱、耐盐碱，生命力顽强，有"活一千年不死，死一千年

牧歌

叠翠流金

金色之秋 唐培敏／摄影

千年胡杨

湖光潋滟

不倒，倒一千年不朽"之美誉，是国家二类珍稀保护植物，被誉为"活着的化石树"。额济纳胡杨天然次生林是世界仅存的三大原始胡杨林之一，面积45万亩。额济纳胡杨天然次生林区是居延绿洲的主体，沿额济纳河两岸分布。额济纳胡杨林国家森林公园总面积5636公顷，集沙漠、戈壁、草原、湖泊、胡杨林于一体，堪称"大漠明珠"。自到2000年10月开始举办"中国·额

沙漠之舟　吴英凯／摄影

济纳国际金秋胡杨生态旅游节"，到2010年推出旅游文化产品——《阿拉腾陶来》大型音乐情景剧，再到2015年被确定为"国际旅游目的地"，额济纳旗胡杨林已名扬国内外。每年的金秋十月，胡杨金叶便挂满枝头，金光灿灿。远远望去，一片片金色胡杨叶把大漠装点得如诗如画，就像金色的海洋，吸引大批游客采风摄影。

守望 陈前 / 摄影

花涛香海 陈前 / 摄影

五彩柽柳

在额济纳河冲积平原和巴丹吉林沙漠边缘，分布着136万亩河滩乔灌林，覆盖度达60%。其中，柽柳灌木林为103万亩。柽柳，俗称"红柳"，蒙古语称"苏海"，属柽柳科植物，系大灌木林。柽柳种类繁多，形态各异，主要是多枝柽柳，其次是短穗柽柳、长穗柽柳、细穗柽柳及钢毛柽柳。柽柳极耐干旱、耐盐碱，可用来固定流沙，是维护额济纳地区生态平衡的主体植物之一。同时，柽柳还是风景灌木。每年5月和9月，额济纳柽柳花开，姹紫嫣红，可谓是花的海洋。为丰富人民群众的物质、精神生活，2010年，额济纳旗开始举办"五彩柽柳节"，每年一届，节日内容包括民俗文化展示、旅游观光、体育竞赛、服饰文化展示。

柽柳

柽柳花海

花海 刘居栋 / 摄影

关隘要塞

汉晋时期

居延汉长城

也称"居延塞墙"。至1990年，额济纳旗境内所存塞墙遗迹，主要有南、北两段。北段塞墙南起破城（甲渠塞），沿弱水河经巴彦陶来至古居延泽西岸。除破城附近尚存1.5～2米高的地面遗迹外，其余皆为残高0.4～0.58米的地面遗迹。塞墙附近有文书记载的"天田"遗迹。南段塞墙北起居延都尉府卅井侯官治所（宝日川吉）西南，在布很陶来与汉代肩水都尉府金关塞墙连接，在今甘肃省金塔县鼎新镇附近，向西与敦煌汉长城相连，构成中国北方居延地区森严的防御体系。

居延城

位于今额济纳旗巴彦陶来农场浩宁呼布东南6公里处的古弱水河西岸，蒙古语称"班丁波日格"。汉武帝太初三年（前102年），为抵御匈奴，在居延地区设置了都尉府。居延城作为丝绸之路北道的门户以及河西走廊的屏护，战略地位极其重要。汉武帝擢用前伏波将军路博德为强弩都尉，驻守居延地区，并大挖堑壕、堆筑土垒（习惯称"塞墙"或"长城"），构筑要塞、烽燧等一系列军事设施。

居延城东临额很河干涸的河床，南、北两翼均有城障、烽隧遗址。城周围柽柳丛生，连绵沙丘布满城内外，西城墙部分墙基已被流沙掩埋。居延城始建于西汉太初年间，是汉代居延地区的最高治所，即居延都尉府，辖7座侯官要塞，负责军事防御和屯田生产。城墙长度不等，南墙长127米，西墙长122米，北墙长126米，东墙长131米；墙

汉晋时期的居延城遗址

基厚 4 米，残高 1.7 米，夯土版筑。城门位于南墙中部，城内有房屋残迹。1930 年，居延城被中瑞西北科学考察团编号为 K688。曾出土汉简、陶片、石磨、钱币等文物。

肩水城

蒙古语称"塔拉林音都日博勒金"，俗称"东大湾城"。位于额济纳旗达来呼布镇西南 250 公里处，额济纳河东岸。肩水城分外城、内城和障三个部分：外城长 350 米、宽 250 米；内城在外城东北角，面积 26600 平方米；郭在内城西南侧。肩水城建筑物丰富，保存遗物甚多。曾先后发掘出土汉简 12427 枚及其他汉代文物 1311 件，还出土了西夏文印版文书和印有西夏文的丝绸残品。由此可见，肩水城在西夏时期曾被维护和使用过。

温都尔波日格

系蒙古语，意为"高大的沙丘"。

温都尔波日格城　吴英凯／摄影

位于黑城北约 7 公里处。中瑞西北科学考察团将温都尔波日格城编为 K749 号。城址南北长 56 米、东西宽 40 米，现仅存北墙和东墙，墙高约 6 米，夯筑。周围地势平坦。考古勘察后认为该城为汉代城址。

红城　吴英凯／摄影

肩水城遗址

大湾城　月光 / 摄影

红 城

蒙古语称"乌兰都日博勒金",即"红方城"。"红城"这个名称是后人依据城墙颜色起的。红城近似正方形,长23米、宽22米,面积仅506平方米。墙基厚4米,上厚2.8米,高7米,并建有矮城堞。城墙均以土坯砌筑,每隔三层加一层芦苇,以使墙壁更加稳固。红城在居延地区的汉代建筑遗址中,是保存最好的城障之一。1988年,红城被列为第三批国家级重点文物保护单位。

甲渠塞

蒙古语称"呼钦浩特"或"木都日博勒金",俗称"破城"。位于额济纳旗达来呼布镇区南24公里处,坐落在纳林河和伊肯河之间的戈壁上。其中的A8障城为汉代甲渠塞之长——甲渠侯官的驻地。此处往西300米,南北一线有烽燧和双重塞墙遗迹。甲渠塞由鄣、坞两部分组成。障在西北部,基方23.3米,厚4~4.5米,残高4.6米。门在东

甲渠塞模型

南角,西侧有马道可登城头。障南为坞,长47.5米、宽45.5米,坞壁厚1.8~2米,夯土筑成,残高0.9~1米。坞门开在东墙,外有瓮城。坞外3米内埋设4排尖木桩,这种防御设施即史书和居延汉简所载之"虎落"。坞顶女墙嵌有"转射"。坞南50米处有方形夯土台,系侯官治所的瞭望哨台。

肩水侯官遗址

位于肩水金关西南1公里处,蒙古语称"乌兰都日博勒金",俗称"地湾城",是汉代肩水侯官所在地。地湾城坐东向西,面积22.15万平方米,城墙为夯土版筑。

地湾城

肩水金关

位于肩水侯官遗址东北1公里处,是居延地区肩水都尉府肩水侯官衙所在地。始建于汉武帝太初三年(前102年)。因其坐落于弱水河畔,如扛在肩上,又取"固若金汤"之意,故名"肩水金关"。它是进

出河西腹地的咽喉要道，也是抵挡北部匈奴南侵、保障"丝绸之路"畅通的最后一道防线。这里曾出土汉简17000多枚，占全国出土简牍的40%和居延简牍的70%。1988年，被列为国家级文化保护单位。

卅井塞

位于黑城东南约50公里处，蒙古语称"宝日川吉"，意为"紫褐色的烽火台"。1930年，瑞典考古学家沃尔克·贝格曼在此发掘出土700多枚汉简，其封检均标注"卅井塞"和"卅井侯官"。

从额济纳河东岸布很陶来到古居延泽南部的卅井塞，有一段从河岸东北方倾斜进入的沙碛塞墙，长约60公里，有烽台32座，是著名的卅井烽燧群。卅井烽燧群分东、西两段：东段从卅井塞到木吉山，约40公里，似一条弧线；西段自木吉山西南斜行至布很陶来，约20公里。

殄北塞

殄北侯官管领的居延海以北地带，蒙古语称"川吉阿玛"。其东北方临近东居延海，地表大部沙化，难以识别塞墙遗迹，所见烽燧遗址呈东西向排列，部分建在高地上或用石块垒砌的烽燧，间距2～10公里，保存相对完整。殄北塞地处黑河下游，呈弧形布局，由1处障城和5座烽火台组成。

遮虏塞

位于殄北塞以南、甲渠塞以东、古居延泽以西、卅井塞以北，是建在居延城内的要塞。这一区域内有城3座、障城1处、烽火台5座，与甲渠塞北部相平行。烽燧之间距离不等（2～6公里），且城、障、燧相杂，归居延侯官管辖。

广地塞

今称"伊和都日博勒金"（大方城）。据考证，该城位于布很陶来南部、额济纳河中游东岸，排成一线，长约60公里，有障城1处、烽火台17座。

橐他塞

位于广地塞之南。在额济纳河中游东岸约50公里间，分布着18座烽火台和1处障城。这条防线分南、北两段，各烽燧间距离较大，4～7公里不等。南段每隔1500～2500米就有一座烽火台，随河流走向而设。

隋唐时期

宁寇军城（马圈城）

蒙古语称"阿格塔音浩饶"，汉语意为"马圈"。位于额济纳旗达来呼布镇东南19公里处。历史上，因当地牧民多在这座城池圈养马群、套捉坐骑，加之城内原就堆积马粪甚厚而得名。

宁寇军城呈长方形，有内、外两重城墙。内城东西长180米、南北宽 165 米，南墙正中为城门；外城东西长 280 米、南北宽 250 米，外城设东西对开城门。根据史料记载和出土数量较多的"开元通宝"等遗物以及风蚀程度分析，此城最初由北周宇文邕所设，重建于唐朝中期，也是隋唐"同城镇"和安北都护府治所。《元和郡县图志》载，唐王朝于天宝二年（743 年）在居延设置"宁寇军"，以管理此地军务。这个军事机构在与突厥的战争中，发挥过巨大的作用。

西夏黑水城南门

夏元时期

黑水城

西夏开国皇帝李元昊在与回纥的战争中，取得重大胜利，并占领了整个河西地区及居延地区，后于 1038 年建立以党项族为主体的西夏王朝。

为巩固国防，西夏王朝分国内诸州之兵 50 万为左、右厢，设立 12 个军司。其中，在居延地区设黑水镇燕军司，该城在今黑城东北处，城址呈正方形，边长 238 米，面积约为 5.66 万平方米。随着成吉思汗在漠北势力的日益壮大，此军司成为守卫西夏的劲旅，由地位很高的王公戍守。

黑 城

蒙古语称"哈拉浩特"，是古代上居延道路的交通要冲。位于额

济纳旗达来呼布镇东南35公里处，坐落在古弱水河东岸的三角洲上。城垣底厚11.6米，现存城墙高达10米，东西长412米，南北宽374米，面积约为15.7万平方米。

黑城原系西夏王朝黑水镇燕军司所在地。元朝至元二十三年（1286年），置亦集乃路，在西夏黑水城的基础上扩建黑城。西夏黑水城址被叠压在元代黑城的东北隅。

明洪武五年（1372年）春夏之际，明太祖朱元璋以徐达为征虏大将军，

黑城遗址 吴英凯／摄影

大方城遗址　吴英凯 / 摄影

元代黑城模型

命其率兵15万，分三路进击：徐达自统领中路军与北元主力决战；李文忠率领东路军直袭北元朝廷；冯胜率西路军牵制北元军队，以配合中路大军作战。据《明实录·太祖实录》卷六十四所载，征西将军冯胜所率西路大军，以傅友德为先锋，其率领5000骑兵直趋西凉，至永昌击败北元军队；又至山丹州，守将上都驴率所部吏民投降；再至亦集乃，守将卜颜帖木尔以城降；并至瓜、沙二州。明军扫荡甘肃行省全境，所向无敌。亦集乃路在这次战争中遭到明军进攻，其居民被迫迁入内地。据《明实录·太祖实录》卷六十八所载，北元军队后又重新占据黑城。此时，亦集乃城成为一座仅有驻军的城址，因此不再有地方政权机关的往来公文，也未再出现居民间交际往来的书信和账目等。

从黑城遗址出土的"永昌等处行枢密院断事官印"，是在东街路南一家店铺内墙根处找到的。这方刻有"天元元年"，可见，天元元年，屯驻黑城的北元军队驻扎在城内的繁华商业区，因为城内主要建筑物已被战火焚毁，故只能驻扎在未毁的民房中。黑城的废弃，当在天元元年以后，其时，驻军已将城内建筑物及物品基本销毁，因此，在考古发掘中，很少出土完整的器物。

明王朝攻取亦集乃路后旋即放

绿城遗址 吴英凯 / 摄影

弃，将其划为张掖、酒泉边外地，黑城在沙漠的怀抱中沉睡近 700 年。

绿 城

因附近有 5 座西夏、元代寺庙遗址而得名。清代时，附近牧民发现寺庙遗址内有绿色琉璃瓦片遗物，故称寺庙遗址为"绿庙"，并将这一西夏、元代古城命名为"绿城"，蒙古语称"瑙琨素木"。绿城位于黑城以东约 13 公里处，是在额济纳旗境内发现的西夏时代建筑群落最为集中的一处遗址。据考证，在数十平方公里范围内，分布有城池、民居、庙宇、佛塔、土堡、瓦窑、墓葬群、屯田区和军事防御设施等遗迹 400 余处。绿城城池呈椭圆形，

面积约 2.7 万平方米。城墙以夯土版筑，墙基厚 3.5 米，残高 2 米。城门开设在东南处，外筑有方形瓮城。城内西侧佛塔因挖掘已经坍塌。城址附近有不同时期的大规模复合型遗存，有西夏高台建筑 60 余座、庙址 5 处、土塔 5 座以及大量汉晋墓葬和各时期的房屋、屯田遗址等。由于自然和人为因素，绿城内的古遗址损坏严重。1908 年，俄国探险家科兹洛夫在发掘黑城之后，又到绿城进行发掘。科兹洛夫回国后，首次将这座古城公布于世。一时间，斯坦因、斯文·赫定等人紧随其后，相继进入绿城进行挖掘。一大批珍贵的西夏文物从这里流向国外，也使古建筑因破坏而无法修复。

20 世纪 60 年代以后，国家、自治区考古部门曾 3 次在绿城庙宇遗址发掘出 10 多尊造型优美、色彩艳丽的泥塑佛像。1991 年初，中央电视台在拍摄大型专题片《望长城》时，又发现 2 尊塑像。这些塑像后存放于内蒙古自治区博物院。

民国时期

日军飞机场

修建于额济纳旧土尔扈特特别旗王府驻地东庙（今额济纳旗苏泊淖尔苏木境内的赛日川吉）。

1931年"九一八事变"后，日军大规模武装入侵中国东北地区。1935年下半年，日军特务乃日布、桑杰扎布持伪"蒙政会"主席德穆楚克栋鲁普的介绍信，途经定远营、拐子湖和古日乃湖，潜入额济纳旧土尔扈特特别旗，直接与图布辛巴雅尔郡王联系。1936年4月，日军特务池田以及江崎寿夫、高筹等10余人侵入额济纳旧土尔扈特特别旗。日军特务在王府附近修建了简易机场，供其飞机起落，并强迫旗民用60～70峰骆驼为其驮运粮食、武器、油料。后来，日军派遣到额济纳旧土尔扈特特别旗的人员达50余名，其物资给养和武器弹药也先后用骆驼、汽车和飞机运到。不久，日军侵占赛日川吉喇嘛庙的拉布楞作为仓库，妄图把赛日川吉建成空军基地，以轰炸和袭击榆林、兰州、新疆和河西地区，并切断中苏联系。日军特务还计划在狼心山一带修建水库、开垦屯田，以解决给养问题，进而在额济纳旧土尔扈特特别旗建立侵华的"桥头堡"。

1937年7月7日，在"卢沟桥事变"爆发之际，宁夏省政府派遣民政厅长李瀚园率兵到额济纳旧土尔扈特特别旗，在阿木梅林等人的鼎力协助下，一举捕获江崎寿夫、大西俊仁、松本平八郎、横田等13名日军特务以及5名蒙汉奸头目，并将其押赴兰州，经军事法庭审判后，执行枪决。

建国营

民国27年（1938年），国民军胡宗南部第一九一师一一五团进驻额济纳旧土尔扈特特别旗老西庙（今赛汉陶来苏木孟格图嘎查境内）。不久，一一五团扩编为国民军新编第十八旅。同年，第十八旅移师驻防道兰敖夫（今赛汉陶来苏木政府东南3公里处），并修筑规模庞大的军事要塞，为防备苏联、蒙古人民共和国。要塞建成后，国民军将其命名为"建国营"，后要塞名逐渐演变为地名。

国民军进驻伊始，就意识到若长期驻扎，则需解决军粮和蔬菜种植问题。此前，因额济纳旧土尔扈特特别旗官民惧怕汉族同胞开垦土地而导致土地沙化，故不允许发展种植业。1936年，大公报记者范长江到旗考察，后成著名的通讯《忆西蒙》，文中有如下描述："他们（旗王府）不许汉人在这里造房子，不许砍伐树林，不许开垦""我住在

国民军建国营地堡遗址

这戈壁之白宫里，米面菜蔬的来源，主要来自东面的绥远和西面的哈密，相距皆两千余里，南距酒泉亦一千里以上。所以这里工作的朋友，虽有不断的肉类可以补充，而蔬菜却异常困难。顿顿吃肉，真使人感到万分痛苦！"

有此前车之鉴，国民军进旗后在建筑军营之时，就在木仁河（西河）边开垦了菜地，种有紫茄、白菜、大头菜、萝卜、南瓜、扫帚菜、西瓜、醉瓜、烟草、向日葵等。董正钧所著《居延海》一书对此有如下记载："一九三八年国民军队开入后，各机关相继前往，汉人日增。因汉人来自全国各省，骤入游牧之地，气候与饮食一时难于驯服，常

罹青腿、牙疳等病。患者若回酒泉、兰州，不治即愈。注意营养者推测，或系不食新鲜蔬菜，缺乏某种维生素所致……郭文年（时任国民政府军事委员会驻旗军事专员办事处专员）君乃首先垦地试种蔬菜，竟获成功……驻军因人多力强，尤苦无菜，遂于建国营及策克等处垦地种菜，结果亦佳。"《居延海》一书还记载道："额旗蔬菜试验之成功，

国民军建国营国防公路残迹

端赖郭文年君之热诚努力与倡导。自其试验成功后，即增辟土地，大量栽培，产量特丰，自用有余尚可赠送驻额旗各机关、商人及蒙人等。……蒙人因食肉饮乳，最需蔬菜以调配营养，兼利肠胃，并增口福……经郭文年长期馈送后，渐知其美而常往索讨。"

在营区内还可见到不同时代的陶瓷碎片，除民国时期外，还有汉代、西夏和晚清时期的，推测是国民军官兵到黑城搜寻文物时捡回又丢弃的。董正钧的《居延海》一书中就有关于这方面的记载："该旗郭文年君等，曾掘得制钱数枚，有汉之五铢钱及明崇祯钱，与小脚女人纳鞋后段，而无清朝遗物……（黑）城内及村间更有完整磨面之石磨二十余副，直径三尺，上层厚三寸，下层约四寸，昔驻额济纳旗的兵士，多运至建国营应用……"

在营址以北不远处，西河又分成东、西两条支流。国民军部队在两条支流上均架设了木桥。有了这两座木桥，汽车就能经过西河直达东北方向50公里外的东河塔王府所在地及达来呼布北部的五苏木，并由那里北进至策克、敖包图等国防前沿地带。

在西侧哈热图音高勒支流的东岸，桥头道路的南、北两侧，有国

国民军建国营后勤基地遗址

民军部队修筑的碉堡群，据一些老人讲述，当时有十几座，现仅剩5座。碉堡建在河岸茂密的胡杨、柽柳林中或邻近的沙丘之上，呈圆形堆状，残高4~5米，底部直径约12米。入口朝东南方向，已被坍塌的土墙和沙丘埋住，只能见到碉堡上裸露的树干和早已风化了的土坯以及少量的碎砖。道路一侧的碉堡之间通过战壕相连，战壕的痕迹已基本消失。附近还有几间土房遗迹，应当是驻军的营房。由此向东500米处，就是后来的国民政府军事专员办事处所在地（即赛汉陶来苏木政府旧址）。

民国32年（1943年）初夏，国民军第十八旅第一团调防，换防部队为国民军第七师第十九团第三营。民国36年（1947年），因战事紧张，第十八旅部队半数官兵被调往酒泉，而建国营仅留下一个连的兵力看守营房。1949年春，中国人民解放军西北野战军开始向河西走廊挺进，建国营的驻军匆忙离去。

民国政府在额济纳旧土尔扈特

国民军建国营营房遗址

特别旗派驻军队，名义上是保卫国防，实际上主要是为了监视地方政权，防止他们在苏联和蒙古人民共和国的策动下发动起义。

由于驻军人数众多，烧水、做饭和冬天取暖消耗的梭梭、柽柳、胡杨树木数量之多更是不可胜记。时至今日，当年营区内堆放柴火堆的遗迹仍然清晰可见。由于过度砍伐，营地周边的生态环境遭到严重破坏，附近只有五棵胡杨树和一棵沙枣树得以幸存。

国民军建国营营区南门残迹

中华人民共和国时期

东风航天城

1958 年 4 月，中国第一个综合性试验发射基地——东风试验基地在额济纳旗境内建立，它被誉为"中国航天第一大港"和"中国航天事业的摇篮"。东风航天城的主要景点有烈士陵园、问天阁、发射场和展览馆。

国防工事人造山

20 世纪 60 年代末至 70 年代初，在旗境内建造了 8 座大型人工国防军

解放军七号人造山

事设施，国内罕见。

至 21 世纪，其中的 6 座人造山已废弃，成为大漠戈壁上醒目的地标性建筑。国防四号人造山高 40 余米，有一条环山而筑的人工护城河，宽 50 米、深 2 米。河边芦苇荡漾，野鸭、水鸟在此嬉戏、休憩。此处也随之成为融戈壁、绿洲、人工护城河、人造山为一体，人造景观与自然景观完美结合的旅游景区。

解放军七号人造山后勤基地遗迹

解放军七号人造山军营遗址

解放军七号人造山南部营房遗址

解放军七号人造山营房遗址

丝路古道

先秦至汉晋时期，各民族交流日渐频繁，居延丝路古道得以开通。

汉晋时期，居延古道基本上呈十字交叉形。古道东接今阿拉善左旗巴彦浩特镇，南通今甘肃省张掖市、酒泉市，西连今新疆维吾尔自治区乌鲁木齐市，北抵今蒙古国首都乌兰巴托市。

居延南路

由额济纳旗（居延海）南通向河西走廊的道路，统称居延南路。此路基本沿弱水绿洲向南直达河西走廊中、西部的高台、金塔和酒泉等地。

居延南路由来已久，为古居延十字道路的南支，早在西汉前期，此路便是汉帝国河西军政重地、北防主线。当时，匈奴败退漠北，南望河西丰饶的牧场，不失恢复之志。汉都秦川大地，又以河西为其屏障，军队攻防进退也多依赖居延。汉匈屡次交兵，南来北逐，戈壁沙漠中的弱水绿洲，自当提供便利。何况秦汉之初，匈奴大败月氏，占据河西，著名的龙城故道已经开辟，达酒驼道乃为龙城故道南段。汉军驱逐匈奴后，在弱水一线设置居延都尉府，大筑城塞烽燧，设邮驿、置县府，驻军屯田，移民实边，凡此一切活动均促使居延南线成为一条极为重要的道路。河西走廊为丝绸之路的主轴线，居延南路是其北向的重要支线，是一条草原丝绸古道，是一条北方少数民族南接丝路、南通中原的一条主渠道。史籍证实，魏晋、隋唐、宋元时期，北方少数民族就是沿居延南路进入河西乃至中原的。

龙城故道

在汉匈战争时期是军事要道，和平时期又是双方派遣使者的友好往来之路。它是古代著名的居延道路的北段，南至河西走廊，中经居延绿洲，北抵乌兰巴托。清朝和民国时期，是额济纳旧土尔扈特特别旗至库伦的商贸驼道。

龙城故道历史悠久。早在西汉时期，为反击匈奴、保卫河西，汉武帝命令汉军骑都尉李陵率5000名步卒出居延塞，循龙城故道北行30日，在浚稽山（阿尔泰山脉中段）与匈奴单于3万骑兵血战。东汉窦固将军就是在居延塞款待从龙城故道赶来上表的匈奴友好使团的。

556年，漠北突厥部落沿龙城故道经居延与西魏王朝合兵，平定了吐谷浑部叛乱。

参天可汗道

唐贞观年间，唐太宗平定突厥叛乱，北方少数民族首领为方便向大唐皇帝回报本地情况，特向唐太宗申请开通参天可汗道。此道的开通使唐王朝的政权更加稳固，同时方便了商旅往来，促进了各民族的相互交流和统一的多民族国家的发展。

唐太宗晚年，漠北地区各部又相继归附。为了方便来长安朝拜，他们在大漠之南专门开辟了一条大道，称为"参天可汗道"。沿途设置驿站68处，备有马匹与食物。其中，在居延地区设置了豹文山、同城两处守捉。唐太宗曾说："自古皆贵中华、贱夷狄，朕独爱之如一，故其种落皆依朕如父母。"各少数民族也把唐太宗当成自己爱戴的可汗。

纳怜道

《经世大典》中记载，纳怜道东起东胜州（今内蒙古自治区托克托县），向西沿黄河进入甘肃行中书省，在甘州（今张掖）折向北行，经亦集乃路向北到达蒙古高原哈喇和林（今蒙古国哈喇和林）。从哈喇和林继续向西经叶尼塞河抵达吉尔吉斯斯坦以及西亚和欧洲。从史籍中可知，纳怜道在亦集乃路境内有8个站赤，在黑城文书中称作"蒙古八站"。

纳怜道为"专备军情急务"而设。"纳怜"为蒙古语，意思是"细小"。这条驿路以木怜道上丰州（内蒙古自治区呼和浩特市）西南约50公里的东胜州为起点，溯黄河而西，经甘肃行中书省辖境东北部，在甘州折而北

行，经亦集乃路至和林。由于这条驿路主要是在甘肃行中书省境内，故又称作"甘肃纳怜驿"。

亦集乃路地处甘州与和林之间，纳怜道经由这里。《永乐大典》引用《经世大典·站赤》时，未记载纳怜道全部站赤名称，只在其中一些奏章上提及几个，如晃忽儿月良、哈喇温、东胜、哈必儿哈不剌、山口和亦集乃等，即便如此，也足以证实亦集乃路管领站赤属于纳怜道。

根据出土的黑城文书的记载可知，亦集乃路在城站到北部川口站有2个站赤。

1984年，考古人员在黑城考古发掘时查明，在城站位于总管府路南，即西门内大路西端南侧的院落。这座院落有土筑围墙，尚可看到院墙倒塌后形成的土垄，以东、南墙最为明显，长约42米，宽约39米，门设在东墙，宽约10米。院内有一组"品"字形建筑，房屋用土坯垒砌墙身，尚存有高约1米的墙根，有向东背西的正房5间、南厢房4间，北厢房遗迹已不太明显。正房内有火炕、锅台，出土了残铁锅等物，应为饮食起居之房舍。南厢房遗址内未发现任何遗物，应为存放物品之房舍。这座院落位于总管府南面，紧靠西城墙根，有院落与城墙隔开，显然与卫戍城垣无关。院内见有不

少畜粪，如在此院内喂养数十头牲畜，恐怕也不会嫌其狭小。这座院落应当是在城站所在地。

元代，额济纳河自黑城西南分成两岔，绕行黑城后向东北、东南方向流入古居延海，即今之额日央川吉音淖尔。今天的额济纳河是明洪武年间冯胜断水截流改道后形成

的。额济纳河在巴彦宝格德（又称"狼心山"）分为两支，均向北流，东支称为鄂木讷高勒，河水注入苏泊淖尔。苏泊淖尔北面不远的荒漠上是东西横亘的山丘，河湖近旁有不少盐碱滩，额济纳河未改道流入此湖之前，这里可能是一处盐池。因此，盐池站似应设在苏泊淖尔附

狼心山

近。另外，在一件诉状残页上见到"迤北落卜剋住人"字样，可知落卜剋站赤应是位于黑城北的站赤。

以上是城北面两站。城南5站，即普竹、狼心、即的、马兀木南子和山口站。推测山口站位于额济纳旗境西南的大湾城。大湾城，蒙古语为"塔拉林音都日博勒金"，意为"靠近农业区的城池"，距离额济纳旗达来呼布镇西南250公里。考古证实，大湾城分外城、内城和障三个部分。外城为汉代建筑，是肩水都尉府驻地。加之大湾城东南为合黎山余脉，西南紧邻马鬃山南麓，为两山的进出口，所以推测为山口站所在地。

在巴彦宝格德山北部7～8公里处，残存一座汉代所建、夏元时期又加以维护的古城池，蒙古语称"伊和都日博勒金"，汉语意为"大方城"。大方城南眺巴彦宝格德山，北拱黑城，西临额济纳河，战略地位重要。结合文书资料考证，这座古城址应当是元代狼心站赤所在地。

由狼心站沿额济纳河东北行150公里，抵达元代亦集乃路治所——黑城，这里有着丰茂的草场和古代田地遗迹。根据出土文书中"马兀木南子站收税粮、即的站有学田"的记载可知，这两处驿站应当是设在这一带河边有耕地的绿洲上。至于普竹站的位置，未发现有价值的线索。

绥新驼道

指绥远省归化城（今内蒙古自治区首府呼和浩特市）至新疆省迪

驼道

被沙丘淹没的绥新公路

化市（今新疆维吾尔自治区首府乌鲁木齐市）之间的驼道。

汉武帝年间，骠骑将军霍去病率领万骑由陇西出发，绕道鸡鹿塞（今内蒙古自治区巴彦淖尔市磴口县境内）抵达居延，转进河西征伐匈奴休屠王部。这条古道东起阴山，经居延，西连天山北，为绥新路前身。

据汪公亮著《西北地理》一书中所载："北路经行蒙古……中路系沿宁夏、甘肃之边界而行……南路行经宁、甘两省内地。"即绥新驼道分北、南、中三条大路。史料记载，每到驼运季节，在驼铃声的伴随下，沿路数十成百支的驼队，满载绸缎、布匹、茶叶、纸张以及各种杂货，千里迢迢西往新疆；同时贩回皮毛、药材、棉花、葡萄干及各种畜产品。

民国10年（1921年），外蒙古宣布"独立"后，绥新驼运日渐衰落终至停止。

绥新公路

由绥远省归化城至新疆省迪化城，全长2917公里。全线行为三大段：第一段，绥远—乌兰额日格（额济纳旗）；第二段，乌兰额日格—哈密；第三段，哈密—迪化城。此路至阿拉善旗、额济纳旗境内与绥新驼道中路北线重合，至额济纳河以西与绥新驼道中路南线重合。

绥新公路横穿阿拉善旗、额济

纳旗900余公里,途经大小站计18处。

1933年,新疆省籍商人朱炳获准创办"绥新长途汽车股份有限公司"。公司由商人集资,股金定为"国币"30万元。公司设在天津法租界5号路15号,朱炳任总经理,职员有65名。公司在绥新公路沿线设大小站72处,总站设在绥远省归化城北门外宽巷子2号。

同年8月30日,绥新长途汽车股份有限公司首次冒险试验汽车。职员杨星山一行9人驾驶1辆斯伟特牌载重汽车、4辆万国牌载重汽车,自归化城开赴迪化城。适逢雨季,道路泥泞,流沙聚积,途行29天,仅有1辆万国牌汽车抵达哈密。在得到救助后,这辆载重汽车于10月10日到达迪化城。这是绥新公路开

绥新公路遗迹

通后的第一辆营运汽车。9月16日，绥新汽车公司进行第二次试运行。车队由4辆福特牌汽车、2辆万国牌汽车组成，每车载货1500公斤，在总站主任车延寿率领下驶向新疆。由于路面松软，流沙阻塞，行至居延海一带甚是艰难。9月20日，抵达新疆哈密。12月18日，两次试运行车辆返回绥远省。同年9月26

日，南京国民政府铁道部组织"绥远—新疆公路勘察队"，聘请瑞典籍地理、考古学家斯文·赫定为顾问。11月10日，勘察队从归化城出发。勘察队将绥新公路全程分为21段，其中3、4、5段，即乌尼乌素—额济纳段、额济纳段、额济纳—明水段，大部分位于额济纳旗境内，共计16站，行程721公里。勘察工作完成后，勘察队向国民政府铁道部提交了《呈铁道部绥新公路勘察工作报告书》，终以石沉大海而告终。此时，民商所办绥新长途汽车运输公司已试运营客货运输。其后，日军特务将百灵庙—定远营、百灵庙—额济纳路线测量完毕。

1937年6月和7月间，时局日趋紧张。"卢沟桥事变"后，抗日战争全面爆发，日军占领平津，并向察哈尔、绥远等省进攻，绥新长途汽车运输公司所属汽车转赴大西北支援抗战。至此，绥新公路运输完全停止。

酒建公路

起于额济纳旗建国营，止于甘肃省酒泉。当时，酒建公路预定衔接绥新公路的架杠敖包（即札格敖包，位于建国营西南15公里处），因此这条公路当时又被称作"酒架公路"。

1938年8月17—27日，甘肃

达酒公路遗迹

省公路局派员踏勘肃州（酒泉）至居延海地形。南北往返路程总计900公里。11月1日，向国民政府呈报《酒泉公路视察报告》。

1945年，国民军河西警备总部和交通部西北公路管理局指令酒泉工务所于8月12日至9月13日再次踏察酒泉至建国营一线地形。9月，酒建公路开工。

酒建公路起自甘新公路738公里处，经酒泉城北门，濒北大河向东北前行，跨临水河，越夹山至金塔，沿大红山麓北进至营盘、天仓，至沙门子，入额济纳旗境抵达建国营。

酒建公路修建时采用征工制，以金塔、鼎新两县民工为主，国民军新四师及第一九一师一部官兵为辅。公路全长331公里，总投资6.4亿元，完成土方47万立方米。1946年8月完工。1947年6月正式通车。

酒建公路建成后，为当地驻军给养供应、巩固边防以及民间汽车运货、通邮、通旅提供了便利。

1958年以后，因国防建设用地需要，沙门子至乌兰川吉段被划为军事禁区。酒建公路由金塔县大庄子乡北入北山山麓，经梧桐沟至石板井后东行，最后抵达额济纳旗政府所在地达来呼布镇，公路名称也改为"达酒公路"。20世纪70年代中期，达酒公路又开辟了新线，完全舍弃弱水故道，经金塔县大庄子乡至营盘西126公里处，由鸡心山东南侧北向，过铜矿，经萤石矿，又偏东折，穿行额济纳旗西部戈壁，过19号道班，至建国营，直抵达来呼布镇，全程397公里。

旅游产品

旅 游 产 品

LVYOUCHANPIN

神奇的额济纳被誉为大漠童话，是国际旅游目的地。在这片热土上，旅游产品琳琅满目且独具特色，有着独一无二的魅力，引得游人流连忘返、乐不思归。

食 用
西 瓜

额济纳旗种植西瓜的历史始于1938年。董正钧所著《居延海》一书中记载：1938年，国民军进旗后，为解决蔬菜、瓜果问题，军事专员郭文年指挥官兵在建国营、策克等地试种蔬菜并获得成果。其中，西瓜"生长良好，最大者重十六斤，普通七八斤。最佳者甜美可口，与兰州花皮西瓜同，略逊于陕西同州西瓜"。20世纪60年代，额济纳旗开始大面积种植西瓜，瓜苗多移植于甘肃和宁夏等省区。由于当地自然环境、种植方法独特，所产西瓜品种多、质量好，具有皮薄瓤厚、香甜可口的特点，含糖量达10%以上。2007年以后，由于农牧民大面积种植蜜瓜，西瓜种植面积缩小，不再是大宗商品，仅供种植户自身食用。

甜 瓜

1938年以后，额济纳旗策克地区"种有……甜瓜等，生长均平平，尚可吃"。20世纪60年代以后，额济纳旗种植的甜瓜品种大多从兰州、安西、哈密等地引进。甜瓜重量一般为1.5～2公斤，汁多香甜，清爽可口。当地甜瓜克克齐（又名可口齐）颇有名气，其"娘家"是甘肃省金塔县。瓜呈椭圆形，皮翠绿、淡黄或全白，瓤纯白，口感甜如蜜、脆似梨，含糖量高达17%左右。此外，还有红心脆、一包糖、黄皮瓜和小白瓜等品种，味甘清香，深受喜爱。

额济纳旗出产的西瓜、甜瓜之所以享有盛名，除得益于科学的栽培技术外，还依赖于得天独厚的自然条件。当地年均日照时间3400小时，昼夜温差15℃，年蒸发量高达3700毫米，而年均降雨量仅为37毫米，这些因素均有利于瓜类生长和糖分积累。额济纳人有贮存瓜类的习惯，于是便有了寒冬时"围着火炉吃西瓜"的奇特现象。2007年以后，受市场影响，额济纳旗农牧民开始大面积种植居延蜜瓜，不再种植甜瓜。

居延蜜瓜

居延蜜瓜产自神奇的额济纳旗。这里干旱少雨、光照充足、昼夜温差大，是蜜瓜生长的理想之地，所产蜜瓜除个大、形美外，尤其以含糖量高、口味纯而著称。远离污染、病虫少又使其以绿色产品身份进入现代家庭。居延蜜瓜远销大江南北，深受消费者青睐。2007年，全旗蜜瓜种植面积为3.15万亩，占全旗种植面积的44%；2015年，全旗蜜瓜种植面积达到6.13万亩，占全旗种植面积的79%。

驼　峰

额济纳双峰驼是当地蒙古族牧民不可缺少的生产和生活资料，其在绒、肉、乳、役等各方面均有一定经济价值。在风味食品中，驼峰肉常与熊掌齐名。

驼峰为骆驼身上营养最丰富的部位，系脂肪纤维化组织。驼峰既不同于一般纯油性脂肪，又异于单一肌肉，是二者的有机结合体，因而做成菜肴后，口感爽脆而不油腻。尤其是红烧驼峰，风味别具一格。红烧驼峰是将剥好的鲜驼峰切成小方块后用油炸，再放入各种佐料拌匀，经油炒后即可装盘。此菜色、香、味俱全，初食者只知其味，却不知其为何物。

居延蜜瓜展品

驼　掌

制作全驼掌一般选用剥皮后的整块驼蹄进行加工，与熊掌做法相似，用文火慢炖。此外，凉拌驼黄亦为一道珍馐美味，口感清脆、滑爽鲜嫩。驼黄即驼掌心，鹅蛋大小，因为它是骆驼身上最活跃的组织，故而肉质异常细腻、富有弹性，似筋但更柔软。

药　用

大　芸

大芸，又名苁蓉、寸芸、地精、金笋等，为珍贵中药材，具有补肾壮阳、填精益髓、润燥滑肠之功效，为滋补上品，有"沙漠人参"之誉。

额济纳旗大芸主要产于温图高勒、古日乃两湖地区的370万亩梭梭林中。大芸呈扁圆柱形，茎体一般深入沙土30～40厘米，直径多为4～6厘米。部分生长多年的大芸长可达200余厘米，茎粗20厘米左右。大芸颜色多为黄褐色、棕色、灰棕色，其肉质肥厚，油料充足，鳞片清晰、不易折裂。大芸入药，古已有之。其性甘而微温、咸而质润，补而不峻、温尔不燥，固有"苁蓉"（从容）之称。明代医药学家李时珍在《本草纲目》中不仅详细记载了历代医药学家关于大芸的论述，而且进一步分析、研究了大芸的性质和功效，认为大芸同羊肉煮食，可治"五劳

七伤"。现代医药工作者发现大芸含有微量生物碱及结晶性中性物质，对治疗腰膝冷痛、妇女不孕、神经衰弱、听力减退等具有一定功效。它还是治疗高血压、膀胱炎、肾脏出血的有效药材。

锁　阳

锁阳，别名地毛球、锈铁棒，又名不老药。锁阳为锁阳科多年寄生草本植物。额济纳古日乃、温图高勒两湖地区及沿河地带盛产锁阳。锁阳高10～100厘米，茎圆柱形，暗红色，无叶绿素，叶退化为鳞片状。春季破土而出，夏季开花生长。其根生深浅视土质软硬而定，在沙丘阳坡处根长可达2米，在硬壳地或碱性地根长仅0.3～0.6米，因此，此地所产锁阳一般短而粗。《本草纲目》中记载，锁阳对胃痛等内脏疾病具有显著疗效。据分析，锁阳性味甘温，功效与大芸相近，能够补肾壮阳、润肠通便、润燥养筋，中医多用于治疗阳虚肢痿、足膝软弱等症；临床上常用于治疗各种瘫痪，如外周迟缓性瘫痪、周围神经炎、脊髓神经炎以及小儿麻痹后遗症。此外，锁阳对嗳酸、上吐下泻等消化系统疾病亦有较好疗效。

甘　草

甘草，别名国老，为豆科多年生草本植物。甘草被誉为"中药之

王"，性平味甘，可入十二经，经配百药。甘草生用则偏凉，能清热解毒，可治疗咽痛、痈疽肿毒、小儿胎毒等症；炙用则性温，能益气补虚，可治疗脾胃虚弱、肺虚咳嗽等症。据现代医药科学研究，甘草有肾上腺皮质激素样作用，可治疗慢性肾上腺皮质机能低下症和胃、十二指肠溃疡等症。此外，也可作为调味剂用于制糖、卷烟。额济纳旗盛产甘草，主要产于河泛地、湖盆低地、沼泽草甸草场，平均覆盖度为 30% ~ 40%。长势旺盛之年，每亩可产鲜草 250 公斤左右，收割贮藏后可做冬春季节优质饲料。

麻黄

麻黄，别名龙沙、狗骨，为麻黄科草本植物。生长于马鬃山和戈壁沙地。麻黄味辛、微苦，性温和。茎、根都可入药，茎可发汗，根却止汗。麻黄具有宣肺平喘、利水退肿、发汗解表的功效，是治疗感冒风寒、表实无汗、肺气壅闭、气喘咳嗽等的常用药材。麻黄含有麻黄碱、假麻黄碱、麻黄油等。麻黄碱有松弛气管、支气管平滑肌的作用，能缓解因气管平滑肌痉挛而引起的呼吸困难等症状，故常用于治疗哮喘。假麻黄碱有利尿作用。

苦豆

苦豆，豆科，耐盐旱生草木，为有毒植物。主要分布于额济纳河两岸河漫滩地下水位较深的干草甸。苦豆含有生物总碱，内含苦参碱、槐定碱、槐胺碱、槐果碱、苦豆碱、野靛碱等 28 种元素。叶、枝等可制成膨化饲料（系苦豆渣，粗蛋白质含量高达 25.51%），是上乘的饲料添加剂。

黑果枸杞

《中国植物志》中记载，黑果枸杞的蒙古语名为"乔诺因—哈日马格"，为茄科枸杞属多棘刺灌木，果实具有较高的药用价值，可治疗心热病、心脏病和月经不调等疾病。

黑果枸杞富含蛋白质、枸杞多糖、氨基酸、维生素 C、维生素 B_1、维生素 B_2 及矿物质、微量元素等多种营养成分，含有丰富的天然原花青素，是迄今为止发现的原花青素含量最高的天然野生植物。

额济纳旗广袤的戈壁草场上生长有近 150 万亩的野生黑果枸杞，其适应性很强，耐贫瘠、耐旱、耐盐碱，是沙漠、戈壁的先锋植物。黑果枸杞易种植、好管理，对土壤条件、水分条件要求都不高，沙地、戈壁、盐碱地都可种植，是优秀的防沙治沙、改善生态环境的造林植物。据调查，生长较好的黑果枸杞每株每年可产鲜果 2 ~ 5 公斤，折合干果 0.3 ~ 0.5 公斤。

2013年，额济纳旗将沙生植物产业化作为"调结构、转方式"的重要抓手，积极推进沙生植物产业化发展进程。

2015年，全旗围封野生黑果枸杞面积3万亩，人工种植黑果枸杞3000亩。黑果枸杞作为一种适应性强、营养丰富的植物，具有巨大的经济价值。

其他产品

奇　石

近20亿年的地质巨变和风沙磨砺让额济纳地区生产极富观赏价值的珍珠玛瑙、碧玉和风砺奇石、集骨石、千层石、硅化木化石、水晶石等。这些石质坚硬、姿态怪异的戈壁奇石成为中华奇石中的瑰宝。

1991—2005年，奇石收藏者、爱好者们自发组织开展品石、鉴石活动，同时进行交易。其时，经营活动主要集中在新华街一带。2006年以后，开发商在劳动渠东部建设温和小区商服楼，形成奇石一条街。达来呼布镇的奇石商铺都集中于此。截至2015年底，入驻奇石街的商户有30余家。

根　雕

额济纳旗有全国分布最集中的胡杨林，也是世界仅存的三片胡杨林之一。胡杨是一种特别抗风沙、耐干旱、耐盐碱的树种，生命力十分顽强。由于生长在戈壁，胡杨的根系非常发达，形状也十分奇特。额济纳旗的根雕爱好者们将胡杨根收集起来，制作成形态各异的根雕，被誉为"大漠根雕"。

驼　绒

额济纳素有"驼乡"之称，所产的驼毛纤维细长、拉力大、弹性好、色泽亮，多为杏黄色，也有较为稀有的白色毛。驼毛是纺织工业中单纺或混纺的优质原料，梳制为驼绒后，可以制成运动衫、花呢、毛涤纶、围巾、驼绒棉、驼毛毯、驼绒马夹以及卡毛绒盖被等。白色驼绒制成的运动衫在国际市场上被视为珍品。三路以下驼毛，因其弹力和拉力均大，是制作传送带、驼毛衬布、驼毛绳等的优质原材料。驼绒是额济纳旗牧民经济收入的主要来源之一。

羊　绒

山羊绒是一种珍贵的纺织原料，被誉为"毛中之王"。山羊绒保暖效果好且耐用，也是额济纳旗牧民经济收入的重要来源。额济纳旗山

白绒山羊

山羊羔

羊绒产区主要是达来呼布镇、东风镇、哈日格德音乌拉镇、赛汉陶来苏木、苏泊淖尔苏木和马鬃山等，年均产量在1万公斤左右，最高时可达4万公斤。据测定，一般成年母山羊产绒量为0.09～0.12公斤；成年公羊、羯羊产绒量为0.25～0.31公斤，纤维长度为32～37毫米。

绵羊

居延汉简

HUASHUONEIMENGGUeji'naqi

居　延　汉　简

JUYANHANJIAN

根据出土时间和简牍内容，额济纳旗境内出土的居延汉简分为居延旧简、居延新简和额济纳汉简。汉简所载内容乃西汉至西晋时期居延地区的政治、经济、军事、民族、文化情况，拥有极高的学术价值。

居延汉简分别在 1930 年、1972—1976 年和 1998—2002 年发掘过三次，共出土汉简 3 万余枚。习惯上，将 1930 年出土的汉简称为"居延旧简"，将 1972—1976 年出土的汉简称为"居延新简"，将 1998—2002 年出土的汉简称为"额济纳汉简"。这三部分汉简在文书内涵、简牍形制上基本类似，或互相印证，或互为补充。

居延汉简的出土使"居延"成为汉简的代名词。"居延汉简"这个闪耀着奇光异彩的名字跨越国界，傲立于世界考古学界和史学界。

居延旧简

1930 年，中瑞西北科学考察团

居延汉简

对内蒙古、甘肃、新疆等地进行了多方面的考察。

1930—1931年，中瑞西北科学考察团在居延地区沿额济纳河两岸，北起川吉阿玛（宗间阿玛）、南至毛目（今甘肃省金塔县鼎新镇）的250公里之间以及布很陶来（布肯托尼）至宝日乌拉的60公里之间，发现了汉代塞墙和障堡亭燧，共发掘汉简10200枚。其中，肩水金关故址出土汉简850枚，汉简所载内容的年限集中在公元前82—公元4年。大湾城及其边沿发掘汉简1500枚，所载内容年限集中在公元前86—公元2年。

中瑞西北科学考察团将这批简运到北京后，沃尔克·贝格曼要求将其带回瑞士，刘半农（北京大学教授）、马恒（时任故宫博物院院长）、沈仲章等著名学者据理力争才使汉简得以留在中瑞西北科学考察团理事会。理事会按照中瑞协定，将汉简送到北平图书馆保存。理事会推荐由马恒和刘半农来整理研究此批汉简。此后又将汉简转存到北京大学图书馆。

"七七事变"爆发前，北京大学的师生及部分图书转移到各地，由于时间仓促，存在图书馆的汉简和其他稀世珍品无人顾及。沈仲章是当时中瑞西北科学考察团理事会干事，他十分清楚这批汉简的史学

价值，故与北京大学语言研究所副研究员周殿福冒着生命危险先后四次把汉简偷运出去，转移到长安街北面的一座小庙里。后来在徐森玉教授的帮助下，与香港大学取得联系。沈仲章等人先用木箱再用铁皮箱将这批汉简装成两个大箱，委托

居延旧简（1）

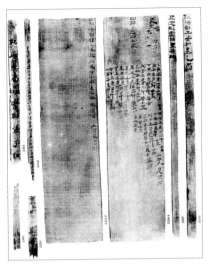

居延旧简（2）

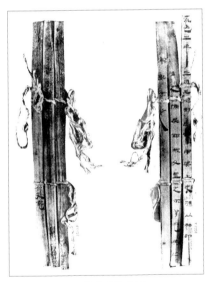

居延旧简（3）

一家瑞士商行托运。几经周折，这批汉简转交到香港大学校长蒋梦麟手里，由香港大学保管。1940年6月以后，日本侵略军逼近香港。香港沦陷前夕，蒋梦麟、沈仲章等人又把这批居延汉简运往美国。当时，胡适担任国民政府驻美国大使，他

在信中表示："适当谨慎担负，务求安全无危险，请诸兄放心。"同年8月4日，居延汉简由香港运往美国华盛顿中国大使馆，10月中旬运抵。1965年，台湾当局与美方接洽后，居延汉简运至中国台湾。至此，居延旧简珍藏于台湾"中央研究院历史语言研究所"。

居延旧简中出现的最早纪年为汉武帝太初三年（前102年），最晚纪年为东汉光武帝建武六年（30年）。居延旧简所记载的政治方面的内容包括汉代的养老制度、抚恤制度、吏制等，经济方面有农垦屯田制度，科技文化方面有《九九表》。同时，居延旧简中的纪年多载有年月日，一般在月名与日序之间注明朔旦，这是研究两汉朔闰排列的第一手资料。此外，军事方面多是西北边塞烽燧亭障文书档案，对郡县及其以下基层吏员的祖籍、门第、任职资格、任免程序、爵秩俸禄、考课升降等都有记载。

这批简大多为零散的简牍，完整保留简册原有状态的册书很少，仅有《永元器物簿》和永元二年（90年）候长郑赦的《予宁文书》这两册。

《永元器物簿》是永元五年至七年（93—95年）候长将其所辖的破胡燧、河上燧每月实有的兵器和物品登记造册并以公文格式如数呈

报给侯官的报告。《永元器物簿》出土时仍保持原状，由77枚简编联而成，其中2枚简牍无字。全册长91厘米，是目前为止发现的编联的最长的简册。

居延新简

1972—1976年，由甘肃省博物馆同当地驻军等单位联合组成的居延考古队，在额济纳河流域的甲渠侯官、肩水金关和甲渠塞第四燧等处发掘出近2万枚汉简。这批简被称为"居延新简"，现存于甘肃省博物馆。

1972年秋，由甘肃省博物馆、酒泉地区文化局、额济纳旗文教局和中国人民解放军驻军某部组成的居延考古队沿额济纳河，对南起甘肃省金塔县双城、北至居延海一带进行初步踏察，采集汉简及其他文物200余件。1973—1974年的夏季和秋季，居延考古队对甲渠侯官、甲渠塞第四燧和肩水金关等遗址进行发掘，出土汉简19637枚；1976年，又在布很陶来地区进行调查，发现汉简170余枚。

居延新简中的纪年简共1200余枚，最早者为汉武帝天汉二年（前99年），最迟者为汉灵帝建宁二年（169年）。居延新简不仅记载了居延地区屯戍活动的兴衰，而且保存了西汉中期到东汉初年的重要文书资料。居延新简的出土为研究两汉

居延新简（1）

时期居延地区的区域政治和军事管理体系提供了第一手资料，一个生动翔实的汉代边塞社会生活画面展现在世人的眼前。

居延新简中的文书包括来文、复文、底稿三类。其中一些保留着标签，如诏书、律令、科别、品询、牒书、爰书等。这些文书对研究古代文书档案制度有重要参考价值。

简册《甘露二年丞相御史书》，

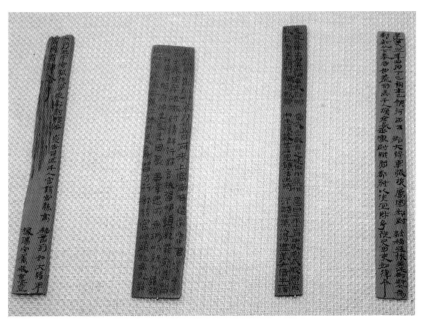

居延新简（2）

是汉宣帝时追查武帝之子广陵王刘胥集团阴谋篡权活动的御史书，是向全国发布通缉叛逆逃犯的文件。《建武三年居延都尉吏奉例》册记载了窦融任河西五郡大将军期间，颁发的有关居延官吏俸禄的文书。

《建武三年十二月候粟君所责寇恩事》简册共36枚，是1972年在居延汉代甲渠候官遗址第22号房屋内出土的较为完整的简册之一。此简册记载的是一起关于经济犯罪的诉讼案件，主要内容：建武三年，甲渠候粟君向居延县告劾寇恩欠债一事，居延县将原告的劾书转到了寇恩所在的乡，由专管刑狱的乡啬夫验治被告寇恩。十二月三日，乡啬夫根据寇恩的供词写爰书，认

定寇恩不欠粟君的债。但粟君认为寇恩的供词与实际情况不符，遂又向其上级（府）再次告劾这一事件，上级令居延县"更详验问治决"。于是，居延县又令乡啬夫对这一事件进行了复核。十二月十六日，乡啬夫第二次验治寇恩，寇恩又申诉原词，乡啬夫便将寇恩的供词再次写成爰书，于十二月十九日上报居延县，并坚持原来的结论，即寇恩不欠粟君的债。居延县收到乡啬夫的报告后，于十二月二十七日写移甲渠候官，并将乡啬夫报居延县的公文和十二月十六日写的爰书一起抄附上报。后来，甲渠候官将此文书与十二月三日写的爰书一起存档，并标其卷为《建武三年十二月候粟

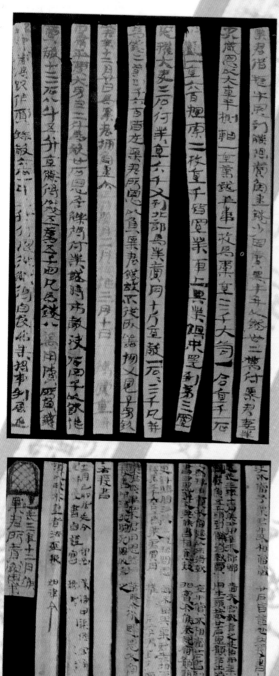

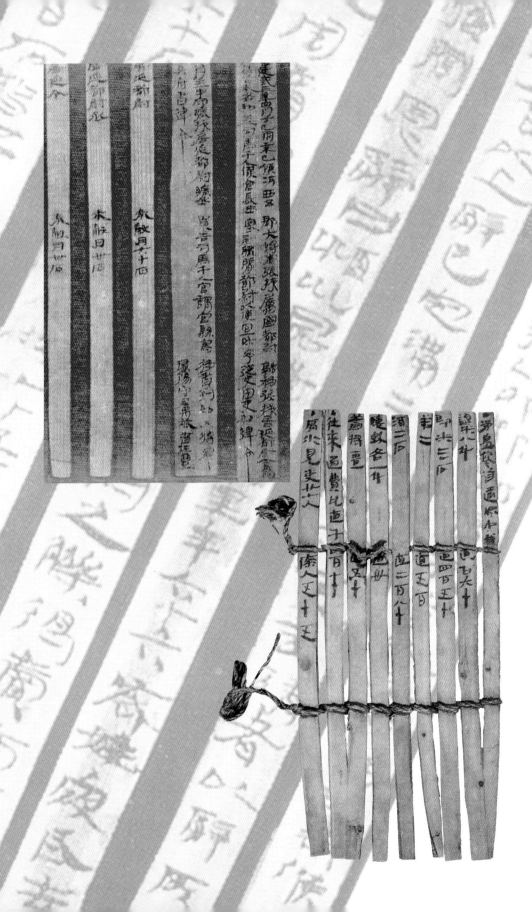

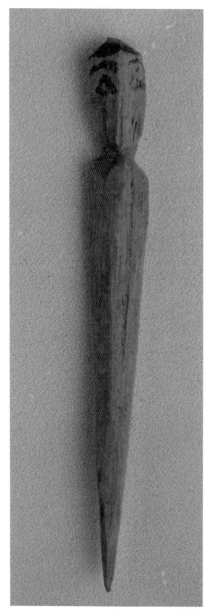

居延汉简

君所责寇恩事》。

1973 年夏，在肩水金关发掘出土的《永始三年诏书》简册共计 15 枚简，是西汉成帝永始三年（前 14 年）七月戊辰日所下诏书及批转诏书的行文，内中又包含八月戊戌日丞相府的补充律令。

居延新简的出土为研究河西地区的军事防御和汉匈关系提供了第一手资料。如烽火报警系统，烽、烟、表、苣火、积薪有五种信号，如何根据敌人来犯的数量、远近、方位来组合、使用和传递，新简中都有最原始的记载。

1972 年，在居延甲渠侯官遗址出土的《塞上烽火品约》简册共有 17 枚简，除 2 枚下半段有火烧痕迹外，其余木简均完整。该简册无纪年。根据出土时的共存物及地层关系综合分析，似为新莽时或东汉初遗物；从内容上看，应为甲渠塞、殄北塞和卅井塞的预警联防条令。如《塞上烽火品约》规定，如一塞被匈奴入侵，其余两塞"和如品"。由于殄北塞地处三塞之北，是防御匈奴的第一防线，因此，无论匈奴人"昼入"还是"夜入"，都要按品约规定的示警信号"举烽""燔薪"，"以次"传递到卅井塞上，而卅井、甲渠塞

要"燔举如故"，直达居延都尉府。若匈奴人进犯卅井塞或甲渠塞，按照《塞上烽火品约》的规定，也要将示警信号传递给其他两塞，这样就组成了一个机动的三塞联防单位，便于统一指挥，互相救援。

居延新简是在额济纳旗境内发现的西汉武帝至东晋时期的简牍。这些简牍是汉代张掖郡居延、肩水两都尉军事行政文书档案，是研究汉晋时期社会历史，包括政治、经济、军事、文化和典章制度等方面内容的第一手资料。

额济纳汉简

额济纳汉简是第三批出土的汉代简牍。

1998—2002 年，内蒙古自治区文物考古所、阿拉善盟博物馆和额济纳旗文物管理所组成联合考古队

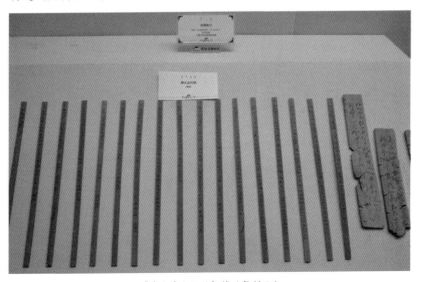

《塞上烽火品约》简（复制品）

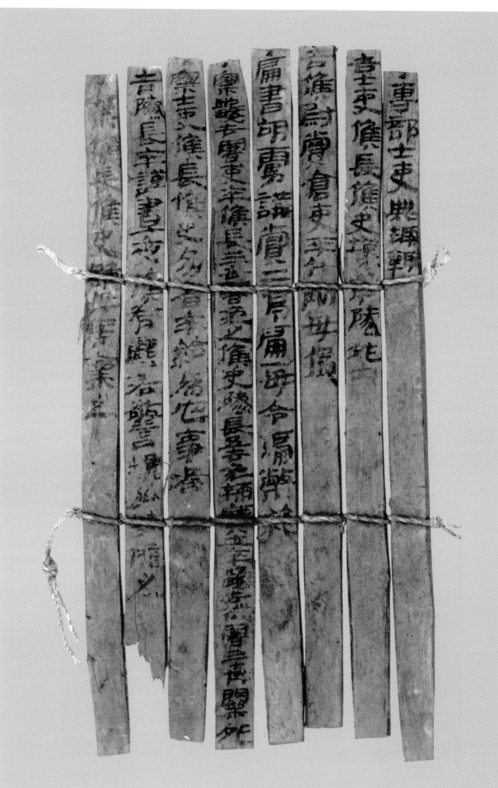

居延汉简

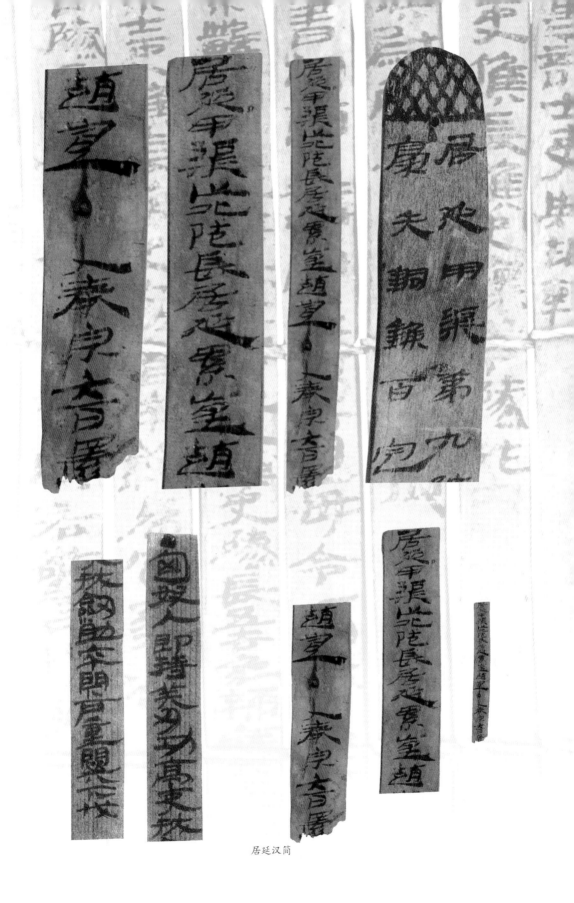

居延汉简

在居延遗址开展考古工作，为配合地方公路改线，考古人员先后清理发掘了甲渠塞第九烽燧、第十四烽燧、第十三烽燧、第十烽燧和卅井塞北段的第十六烽燧及甲渠塞部分烽燧东侧的灰土堆，共发掘出500余枚简，出土较完整的王莽登基诏书和分封匈奴单于诏书等册书，现藏于内蒙古自治区文物考古所。这批汉简收录在魏坚主编的《额济纳汉简》一书中，2004年由广西师范大学出版社出版。

额济纳汉简中的纪年以西汉中期至东汉早期者居多，最早纪年见汉宣帝神爵三年（前59年），晚者见东汉光武帝建武四年（28年）。

出土的这批额济纳汉简以行政文书居多，内容涉及汉代政治、经济、军事诸领域。尽管额济纳汉简与居延旧简、居延新简具有基本类似的一面，但又能推陈出新，不仅内容更为丰富和精彩，如王莽登基诏书、分封单于诏书、行政条例等皆属首见，且在简牍形制上也有新的突破。

在王莽秉政及统治时期，汉朝与匈奴的关系急剧恶化。史载，新莽在发兵徼讨匈奴乌珠留单于的同时，施以分匈奴为十五单于的政策。额济纳汉简在这方面有了重大突破，发现新莽朝下达的敕令册书简12枚，分封"单于者十四人"。简文

载分封单于"在致卢儿候山"，则首次透露了事态发展曾进入到匈奴驻地以内，而"皆背版"的简文，再一次印证了王莽实施徼讨匈奴方略彻底失败。

在额济纳汉简中，专家们还发现大量记载处罚渎职人员的律令。律令中还有明确的奖励制度。从中不难看出，汉代律令制度相当健全。

2007—2011年，第三次全国文物普查工作和居延边塞长城资源调查工作期间，额济纳旗文物管理所又陆续采集汉简500余枚。这批简大多为零散的简牍，以残简居多，其中有部分素简（无字简）。这批汉简现收藏展出于额济纳博物馆，汉简的整理出版工作正在开展之中。

至2015年，居延地区共发现汉简3万余枚。居延汉简为国内简牍出土中数量最多者，它涵盖了当时社会的政治、经济、军事、科技、文化等内容，具有极高的科学、历史与文物价值。

黑城文书

HUASHUONEIMENGGUeji'naqi

黑 城 文 书

HEICHENGWENSHU

　　一座孤城,埋藏着一个千年不朽的故事;
一座佛塔,出土了一把破解千古之谜的钥匙。
黑城文书——一部部尘封的典籍,让世人终
于掀开了党项人的神秘面纱,探究出那淹没
在历史长河里的西夏往事。

　　黑城位于额济纳旗达来呼布镇东南约35公里处的戈壁荒漠。黑城,蒙古语称哈拉浩特,为西夏黑水镇燕军司和元代亦集乃路遗址。黑城建在额济纳河下游绿洲地带,沿河开凿渠道,灌溉农田草场。当时的黑城是宜农宜牧的绿洲,居住人口较多。沿河及渠道两侧遗留着大量屯田人户村落和房舍废址。14世纪70年代,由于战争阻断了下距亦集乃城约10公里处河道,河水改道北流。于是,绿洲逐渐退化为荒漠,沙漠吞噬了改道后的额济纳河以东大片地区。考古证实,古代年降雨量略多于现代,而年蒸发量则变化不大。当年有河水灌溉时,这里植物生长茂盛;一旦严重缺水,屯垦田地就变成一片不毛之地。这一带夏季气温高达45℃左右,冬季最低气温在-20℃左右,夏秋之交的日温差约30℃,常年有5～6级西北风,最大风速8级以上。可见,这一地区为内陆性沙漠气候,极度干旱。因而古代居民使用过的纸、木、草、毛、丝织品等,经过高温快速干燥后,埋藏在荒漠地下,可以长期保存。

黑城文书

黑城在西夏和元代时最为繁盛，是草原丝绸之路上的重要城市。元代，西夏黑水镇燕军司城——黑水城故址依然受到统治者的重视，并对其进行了改造和扩建。元世祖至元二十三年（1286年），在此设置亦集乃路总管府，隶属甘肃行省，是中原通往漠北的必经之路和交通枢纽。马可·波罗就是沿着这条古道走进了元帝国的上都城。明洪武五年（1372年），明军讨伐北元残军，人为迫使河流改道，导致城内水源断绝。明军占领此地后不久便将其废弃，该城逐渐被沙漠吞噬，成为无人居住的废弃死城。由于此城濒临巴丹吉林沙漠，气候极度干燥，地下埋藏的西夏、元代及北元初期的珍贵文书经历数百年后仍保存甚好。

黑城文书的前世今生

13世纪，在蒙古帝国强兵劲旅的多次打击下，西夏国灭亡，党项族也逐渐融入其他民族之中。蒙古军队占领初期，西夏地区遭到残酷焚掠，西夏的文物典籍受到严重毁损，随着党项族的灭亡，西夏文也成为无人可识的死文字。

西夏作为中国中古时期的一个重要王朝，尽管地域偏狭、人口较少，但它有完整的典章制度，有比较固定的疆域，有传承不断的十代皇统。

然而，元朝撰修所谓"正史"时，仅编修宋、辽、金三史，未修西夏史。西夏历史只作为宋、辽、金史的附传被简单记载。因此，西夏王朝的一些重要资料没有通过史籍系统地保存下来。这使得后世研究西夏史者深感困难，长期以来，西夏史研究步履维艰，进展缓慢。

20世纪初，西夏史研究终于峰回路转，绝处逢生。在额济纳旗黑城遗址出土的大量西夏古籍对西夏研究具有划时代的意义，西夏研究由此渐入科学殿堂。

清光绪三十四年（1908年）三月十九日，俄国皇家地理学会会员科兹洛夫率领的探险队从外蒙古草原进入内蒙古地区，在当地王公的协助下，带着雇用的向导巴塔和少量食物及发掘工具在黑城遗址进行盗掘，掘获大量西夏文书和文物。清宣统元年（1909年）五月二十二日，探险队再次来到黑城进行盗掘。科兹洛夫探险队两次盗掘黑城，共掘获大批珍贵的西夏文、汉文文书11500余件，包括西夏文佛经、字书、兵书、类书、法典以及中原汉文典籍西夏译本和佛画等文物，其中有辉煌舍利塔内的西夏文书和手稿2000多册、绘画300多幅、真人大小的泥塑佛像20尊。科兹洛夫除将带不走的泥塑佛像进行了掩埋，其余全部运往俄都圣彼得堡东方学研究所。现分别藏于俄罗斯科学院东方学研究所圣彼得堡分所和爱尔米塔什博物馆。

1914年5月27日，英籍匈牙利人奥里尔·斯坦因亦曾在黑城进行过为期8天的大肆挖掘，掘取大量文物。其中，在一座寺庙废墟中挖出汉文古文书220件、西夏文书57件；在辉煌舍利塔废墟中挖出西夏文写本和印本1400多页及多幅雕版画和水墨画；在城内3个小佛塔和城外4座佛塔中挖出多件西夏文、汉文、藏文、波斯文文书和绘制的佛像及中统钞。这批文物现藏于英国国家图书馆。

科兹洛夫和斯坦因在黑城获得大量文书的消息公布后，国内外学术界轰动一时，都开始重视黑城出土文书的调查研究。1927年，以瑞典人斯文·赫定和中国北京大学教务长徐炳昶教授为首组成的中瑞西北科学考察团，将以黑城为中心的额济纳河下游地区作为重点科研项目进行实地研究，中方考察团团员黄文弼先生曾在黑城发掘出土少量文书。

中华人民共和国成立后，额济纳旗曾先后划归甘肃省和内蒙古自治区管辖。1962年和1963年，内蒙古文物工作队（内蒙古文物考古研究所前身）曾两次派人到黑城进行考古调查。1963年秋季，调查持续时间较长，采集到少量文书。1976年，甘肃省文物工作队（甘肃省文物考古研究所前身）组成考古队，在黑城及周围地区进行考古调查，采集有少量文书；1979年又在黑城内获取少量文书。

1983年9月和1984年8—11月，内蒙古文物考古研究所和阿拉善盟文物工作站组成考古队，两次对黑城遗址进行考古发掘。虽然这两次发掘的1.1万平方米的面积仅占全城总面积的1/10，但已基本揭露城内主要部分的建筑遗址，取得了这座城址建置沿革和城市布局的考古资料，发掘近3000件文书，现藏于内蒙古文物考古研究所。

1991年，中央电视台拍摄《望长城》大型纪录片时，在距黑城遗址东北20公里处的绿城遗址发现两尊彩塑佛像和数张西夏佛经。

黑城文书的发现催生了一门新兴学科——西夏学。黑城文书以西夏文文书数量最多，约占总数的90%；汉文文书次之，不足10%；也有零星的藏文、蒙古文、回纥文等多种民族文书。从内容上看，包括多种世俗文书和佛教文书。其中，佛教文书占绝大多数；世俗文书又涉及西夏、宋、金、元多个朝代，甚至还有更早时期的。黑城出土的汉文文书主要是宋、西夏、元代的文书，是中国历史文书的重要组成部分。黑城出土的西夏古籍为沉寂的西夏史学研究带来了勃勃生机。特别是对西夏文字的成功解读和西夏文书的具体诠释，从根本上改变了西夏研究资料匮乏的状况，为西夏学的建立和发展奠定了基础。

现今世界上的黑城出土文书按主要收藏地可分为"俄藏""英藏"和"国藏"三大部分。从数量和价值看，仍以俄藏黑城文书数量最大、内容最为重要。

俄藏黑城文书

清光绪三十四年至清宣统元年（1908—1909年），俄国人科兹洛夫率领探险队两次发掘黑城。发掘的文献中有举世闻名的西夏文刊本和写本，还有大量的汉文、藏文、回纥文、蒙古文、波斯文等书籍和经卷等珍贵文物。这批文书的数量很大，版本大都完整，是研究西夏王朝及同时期的宋、辽、金王朝和元朝历史的"无价之宝"。

最早整理介绍俄藏黑城文书的是俄国学者、彼得堡大学副教授伊凤阁。1909—1916年，伊凤阁对黑城遗书进行整理研究时，首次确定了许多西夏文佛经和世俗文书，尤其重要的是从中发现了西夏学者骨

勒茂才编纂的汉夏音译对照辞典《番汉合时掌中珠》，成为此后释读西夏语言文字的钥匙。

俄藏黑城文书共有8000多个编号。这些古籍中，90%以上是西夏文文书，其次是汉文文书，也有少量藏文文书。俄藏文书中计有西夏文世俗文书66种、佛教文书400余种、汉文文书数十种。

圣彼得堡科兹洛夫博物馆藏的1926年科兹洛夫第

西夏文文书又包括世俗文书和佛教文书两种。

西夏文世俗文书中有西夏语文音韵书籍，其中有字书《音同》、韵书《文海》、韵图韵表《五音切韵》等。字书《音同》有4种刻本，收全部西夏字6000余个。韵书《文海宝韵》系统记录西夏语语音体系并解释字义，涉及西夏社会和文化心态等内容。《五音切韵》有4种写本，以韵表和韵图的形式反映西夏语音体系。

法典类书籍有《天盛改旧新定律令》《新法》《贞观玉镜统》等。西夏法典《天盛改旧新定律令》内容十分丰富，共有20卷150门，现存19卷，是中国历史上综合性法典中字数最多、门类最齐全的一部。《天

备娃的护照

甘肃西宁泡署总局赠予科兹洛夫的照片

考察时的住所

Хара-хото. Сѣв. западный уголъ.

至彼得堡科兹洛夫博物馆馆藏的黑水城照片

圣彼得堡艾尔米塔什博物馆藏黑水城文物（1）

圣彼得堡艾尔米塔什博物馆藏黑水城文物（2）

盛改旧新定律令》的体例形式与中
国传统的法典不同，每一条文之下
分若干小条，小条之下分若干小款。

这种独特的格式使整部法典看起来
层次分明、一目了然，这种接近现
代法律条文的形式在中古时期是绝

无仅有的。西夏法典是继《宋刑统》之后又一部大型刻本法典，是传世的最完备的少数民族文字法律著作。

文学著作有谚语集《新集锦合辞》和多部诗歌集。西夏古籍中收录的具有民族和地方特色的诗歌、谚语以及西夏文人创作的大量其他作品为广泛而深入地研究西夏文学奠定了基础。启蒙书和类书有《三才杂字》《纂要》《新集碎金置掌文》《音同》《圣立义海》等。《三才杂字》《新集碎金置掌文》收有许多社会生活词语，并有关于党项族与汉族姓氏及汉、藏、回纥、契丹等民族特点的记载。《圣立义海》是西夏自编的类书，记录了西夏自然地理与社会风俗状况。《纂要》是西夏文、汉文对照杂字体字书。《音同》是西夏文同义词典。

有土地买卖文契、谷物借贷文契、告状案卷等文书，有日历、药方、占卜辞等文书，有军抄人马装备账、

圣彼得堡艾尔米塔什博物馆藏黑水城文物（3）

地租粮账、粮价钱账、清酒价账、借贷契约、户口手续，有纪年的土地买卖告牒、判案书、律条、信函，等等。这些俄藏黑城西夏文社会文书，记录了西夏国西北地区的历史和文化，极大地提高了学术界对西夏社会历史的认知程度，为补充和再现西夏历史提供了可能。

圣彼得堡艾尔米塔什博物馆藏黑水城文物（4）

圣彼得堡艾尔米塔什博物馆藏中国文物（1）

还有不少译自汉文的典籍，如儒家经典《论语》《孟子》《孝经》，兵书《孙子兵法三注》《六韬》《黄石公三略》，史书《十二国史》《贞观政要》，类书《类林》等。

黑城文书中有相当数量的佛教

圣彼得堡艾尔米塔什博物馆藏中国文物（2）

著作，这是研究西夏宗教信仰和西　　西夏古籍，人们了解到西夏共翻译
夏佛教史的极有价值的资料。通过　　了5000多卷佛经，其中就有独具特

圣彼得堡科兹洛夫博物馆藏的中国唐卡

圣彼得堡艾尔米塔什博物馆藏中国文物（3）

圣彼得堡艾尔米塔什博物馆藏中国文物（4）

圣彼得堡艾尔米塔什博物馆藏中国文物（5）

色的西夏文《大藏经》。西夏还刊印了汉文佛经，为中国汉文佛经增添了新的品类。

西夏文佛教文书中译自汉文的佛教著作有《大般若波罗蜜多经》《金刚般若波罗蜜多经》《大宝积经》《大方广佛华严经》《妙法莲华经》《金光明最胜王经》《维摩诘经》《大智度论》

黑水城出土文物

《瑜伽师地论》《华严法界观门》《慈悲道场忏罪法》等。

译自藏文的佛教著作有《大密咒受持经》《圣胜慧到彼岸功德宝集偈》《圣大乘胜意菩萨经》《正理滴特殊造》等。西夏国自己的佛教著作有《中有身要语》等。

俄藏黑城西夏文书版本很多，大都是以珍本、善本入藏。其中不仅有写本、刻本，还有世界上最早的、极为珍贵的活字本。西夏古籍的装帧形式更是多种多样，有卷轴装、经折装、蝴蝶装、线装，还有类似藏文古籍的长条书，几乎包括了我国中古时期图书的所有版本形式，是研究古代图书版本的宝库。

圣彼得堡艾尔米塔什博物馆藏黑水城文物（5）

英藏黑城文书

斯坦因获取的黑城文书现藏于英国国家图书馆。1914年5月之后，斯坦因将其所获黑城文书按中亚探险资助比例，分别交于印度新德里国家博物馆和大英博物馆，其中，艺术品包括绢画、版画、木雕等交于印度新德里国家博物馆。1917—1922年，文献材料由斯坦因全部转交给大英博物馆，并委托欧洲著名的东方学家进行分类整理研究。到20世纪70年代，大英博物馆和大英图书馆分立，文献材料全部移交给现在的英国国家图书馆。

收入英国国家图书馆的英藏黑城文书总量为4000余件，全部残页编号约7300件。英藏黑城文书涉及范围十分广泛，对于重构西夏社会生活图景有重要作用。这些西夏文献除大量为西夏文外，还有相当一部分是用藏文及蒙古文记载的。文书有刻本、写本，还有泥活字印本；字体有楷书、行书和草书；装帧形式有卷轴装、蝴蝶装、黏叶装等。文书内容极其丰富，除大量的佛经和与佛教有关的供养人题证、发愿文偈语、僧人传记、文集词咏外，尚有关于西夏历史、军事、法律、经济、历法、医学、音乐等方面的记载，特别是梵、西夏、藏、汉、蒙古、回纥文注音对照残卷，对研究西夏文具有极高的价值。英藏西夏文文献存有大量的西夏行、草文书，由于在文字辨识上有一定难度，故其内容有待进一步研究考证，研究空间很大。

英藏西夏文文献较为著名的有西夏文文字音韵类书，如《文海》《音同》《杂字》《五音正误传》等；文学作品有《新集锦合辞》《新集碎金置掌文》；译自汉文文献的有《孙子兵法》《将苑》《孝经序》《经史杂抄》等；法律文书、军事文书有《天盛改旧新定律令》《贞观将玉镜》等；还有大量典册残页和译自汉文、藏文的西夏文佛经。其中，许多为汉文、藏文失佚，故版本价值极高。

1928年，斯坦因出版了他在中亚第三次探险的考古报告《亚洲腹地考古记》（4卷），在该书第一卷第十三章中，介绍了对黑城及其周边地区的考察与发掘情况，并详尽描述了数百件文物。1932年，向达先生节译其中主要内容，取名为《斯坦因黑水获古纪略》，对斯坦因盗获文物的相关情况进行了记述。

20世纪90年代，宁夏社会科学院副研究员胡若飞等人远赴英国寻访散佚海外的西夏文献，他们将这批英藏的黑城文书拍下来带回中国；2002年，交给西北第二民族学院社

以累朝考德方特拜馬錐太傅王旦司徒呂夷簡各任宰相二十年
止以太尉致仕　熙寧二年富弼除守司空兼侍中平章事辭司空
侍中從之　三年曾公亮除守司空檢校太師兼侍中以兩朝定策
之功辭相位也　六年文彥博除守司徒兼侍中　九年彥博除守
太保兼侍中辭太保從之　元豐三年曹佾為檢校太師守司徒兼
守司徒皆皆錄定策之功也　六年彥博守太師致仕　八年王安石
守司空曹佾守太保　元祐元年文彥博落致仕太師平章軍國重
事呂公著守司空同平章軍國重事 舊制將相皆以階官守三師或以僕射至
三公元豐改官制文彥博常以
中書令九月詔檢校官除三公三師外並罷 宋朝檢校官一十九三師三左僕射至水
部員外郎共十三官制行左 僕射以下為職事官故罷

河東節度使入守太師王安石以觀文殿大學士守司空元祐初彥博為司空學士院草
罷節度使入為平章軍國重事即夫守字及公著為司空學士院草
省誤存守字是曰三
制誤被旨貼磨改正

崇寧三年蔡京授司空行尚書左僕射

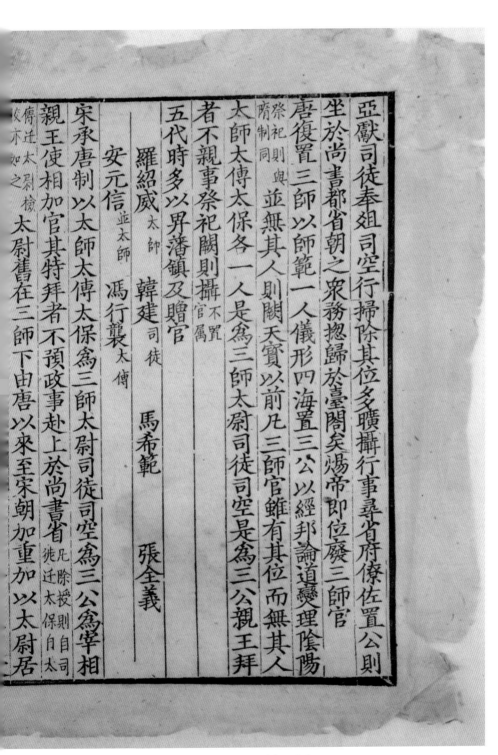

亞獻司徒奉俎司空行掃除其位多曠攝行事尋省府僚佐置公則

坐於尚書都省朝之衆務揔歸於臺閤矣煬帝即位廢三師官

唐復置三師以師範一人儀形四海置三公以經邦論道燮理陰陽<small>祭祀則與府制同</small>

並無其人則闕天寶以前凡三師官雖有其位而無其人

太師太傳太保各一人是爲三師太尉司徒司空是爲三公親王拜

者不親事祭祀闕則攝<small>不置官屬</small>

五代時多以畀藩鎮及贈官

羅紹威<small>太師</small>　韓建<small>司徒</small>　馬希範

安元信<small>並太師</small>　馮行襲<small>太傅</small>　張全義

宋承唐制以太師太傳太保爲三師太尉司徒司空爲三公爲宰相

親王使相加官其特拜者不預政事赴上於尚書省<small>凡除授則自司徒迁太保自太</small>

太尉舊在三師下由唐以來至宋朝加重加以太尉居

<small>傳迁太尉檢故不如之</small>

活字印刷文书

会人类学与民族学研究所整理并进行初步登录；2003年，经与英国国家图书馆协商，西北第二民族学院最终获权自由使用和出版所拍的英藏黑城西夏文书的影像资料。经英国国家图书馆东方部授权，西北第二民族学院和上海古籍出版社正式签订协议，共同编纂出版英国国家图书馆收藏的斯坦因从黑城收集到的全部文书。

2005年，上海古籍出版社出版《英藏黑水城文献》4卷，将斯坦因从黑城遗址盗掘的收藏在英国国家图书馆的西夏文书公布于世。

中国藏黑城文书

中国藏黑城文书主要是内蒙古考古队1983—1984年在黑城考古时发掘出土的一批文书。

1983年，国家文物局批准内蒙古文物工作队、阿拉善盟文物工作站在黑城进行发掘。经1983年和1984年两次发掘，考古队基本将全城勘察完毕。调查发现，城内大城叠压小城，小城在大城东北隅，东、北城两面墙与大城重合，西、南两面城垣经元代居民改造、利用，已分解为不相连接的数段。这次发掘的面积为1.1万平方米，揭露房屋基址280多处，出土大量文物标本及文书。

这批黑城出土的文书近3000件，绝大多数出自元代地层，只有数页残缺佛经出土于西夏时期的佛塔下。史载，元朝灭亡后，北元政权继续管辖亦集乃路，故出土的文书中有少量北元初期文书。因此，这批文书以元代文书为主，北元初期文书较少，西夏文书更少。其中，汉文文书数量最多，数量达2000余件；其次为西夏文、畏兀儿体蒙古文、八思巴字、藏文、亦思替非字、古阿拉伯文等各种民族文字文书。但汉文文书中碎屑占绝大多数，整理后可辨识者共计760余件，仅占全部汉文文书的1/3。

黑城出土的汉文文书以世俗文书为主，佛教及其他宗教类文书仅占小部分。这批出土于亦集乃路总管府遗址的世俗文书中，公文占绝大多数，而这些公文主要集中在已经焚毁的架阁库遗址。该遗址倒塌土中遗留着若干卷文书档案，除被整理装裱的，还有残卷13卷。其中，有些排列顺序难于把握，只可看出原有大致面貌。

黑城出土的元代公文种类繁多，形式不一，虽然大多残缺不全，但大致可见原貌。黑城出土的汉文文书中，属于公文的有卷宗、人事、民籍、礼仪、军政事务、农牧、钱粮、站赤、词讼、票据、儒学和封签等几大类。

出土的文书中，最常见的是"保结公文"副本。凡皇帝圣旨、省堂钧旨发布的有关政令和军令，地方官依例要将贯彻执行情况条陈汇报，这类性质的文书称为"保结公文"。另一类是任命官吏的公文，称作"诰身"，皆为抄件。"禀状"，是下级向上级反映情况的呈文。如标本F116：W552记载了大德四年六月蛮子歹驸马、海山太子、术伯大王军马经由本路入石川，请支口粮，本路不敷，报请甘肃行省由甘州等地借调事件。标本F116：W286是一份放支各站马料的公文抄件，详细记录了亦集乃路所辖八个站赤的名称、官马匹数及半月内供给马料的石数。标本Y1a6：W22为钱粮房开列的亦令只失加普大王位下诸妃分例及军人支粮文卷，所列妃子名号与军人名目甚多。某些公文涉及亦集乃路府司属的建制、渠社设置以及各种人户的一般特点和状况。

黑城出土婚姻文书较多。其中，完整婚书有蒙古人脱欢改嫁弟媳巴

巴都麻婚书

都麻与哈立巴台为妻合同婚书。《通制条格》"户令·婚姻礼制"条明确规定："但为婚姻，须立婚书。"因此，巴都麻与哈立巴台的婚姻大事立有婚书为凭。婚书著明，脱欢为"太子位下所管军户"（即太子爱猷识理达腊位下所属），其弟脱火赤为军人，"因病身故，抛下伊妻巴都麻，自为只身难以独居住坐，日每无甚养济"。于是，兄长做主，将弟媳改嫁与亦集乃路人哈立巴台为妻。

另一部文书档案《失林婚书案文卷》残存文书24件，记述的是一件以婚书为中心的婚姻案件。汉族女子失林嫁给回族商人阿兀为妾，二人婚书的大致内容："写立合同婚书〇／林于婚书画字讫得到亦集乃〇／今告夫阿兀财钱中统钞二十定〇／与本人为妾妻。"由此可知，当时阿兀娶失林为妾的聘礼是中统钞二十锭，而失林也已在婚书上画字，故这纸婚书有效，受到保护。阿兀外出经商时，失林与邻居闫从亮相识。闫从亮原来是巩昌县所管军户，元至正十九年（1359年）红巾军攻破巩昌城，闫从亮为逃避兵灾辗转至亦集乃路，与阿兀家为邻。失林向闫

从亮诉说自己生活的不幸,于是闫从亮提议先将阿兀和失林的婚书销毁,然后到官府状告阿兀将失林当作驱口(家奴)对待,待官府判决阿兀和失林离婚后,他再名正言顺地娶失林为妻。可是,失林家存放着三份文契,其与闫从亮又都不识字,不知哪份是婚书,于是闫从亮拿着三份文契到街上找人(史外郎)识读,并诳称

失林婚书

是买柴时拾到的。碰巧阿兀回来后遇到史外郎,史外郎告知了阿兀有人捡到他的婚书一事,由此,阿兀产生怀疑并告到官府。经官府审讯,失林和闫从亮均承认已烧毁婚书一事,于是官府断决责笞失林47下,由阿兀带回严加看管;对闫从亮的判决结果因文字缺失,无法得知。

中国藏黑城文书对宋、夏、金、元史,宋元佛教史,中古社会史,宋元科技史,古代医药史,丝路贸易史,法律制度史,文书制度史以及文书版本学等研究领域而言,是十分珍贵的第一手资料。

内蒙古考古队发掘黑城遗址后,于1987年在《文物》专刊第7期发表《内蒙古黑城考古发掘纪要》。这份报告被列为"七五"全国社会科学重点研究项目。全部考古发掘报告共三卷,印刷《黑城出土文书》(汉文卷),收录出土的全部汉文文书中较完整的文书共760件。其中,除少量属于西夏时代的佛经外,其他均为元代至北元初期遗物。

2008年,宁夏大学西夏研究中心、内蒙古自治区文物考古所和甘肃省古籍文书整理编译中心共同整理、编纂出版《中国藏黑水城汉文文献》10册。《中国藏黑水城汉文文献》的研究整理工作历时3年,收录大量黑城汉文文书,除收录内蒙古考古研究所1983年和1984年两次发掘黑城所获文书外,还收录了1962年以后各文博收藏单位所藏黑城文书原始文书4213件,其中社会文书3980件、宗教文书233件。

HUASHUONEIMENGGUeji'naqi

圆　梦　飞　天

YUANMENGFEITIAN

进入 21 世纪，经过几代人的艰难探索，宇航员杨利伟挥舞着五星红旗，从额济纳大漠深处的东风航天城飞向了太空，圆了中国人千百年来的"飞天梦"。

东风试验基地

20 世纪以后，在中国航天史上，有 3 个辉煌里程碑：一是 1970 年 4 月 24 日，中国第一颗人造地球卫星——"东方红"一号发射成功，向全世界播放《东方红》乐曲；二是 2003 年 10 月 15 日，中国第一艘载人飞船——"神舟五号"升空，中国航天事业完成历史性突破，成为世界上继俄罗斯、美国之后第三个成功发射载人航天飞船的国家；三是 2007 年 10 月 24 日，中国首颗月球探测卫星"嫦娥"一号发射成功，实现了中华民族千年的奔月梦想。

"东方红"一号及"神舟"一号至十号飞船发射升空基地均为东风航天城，它是中国创建最早、规模最大的综合型导弹、卫星发射中心，也是中国唯一的载人航天发射场。东风航天城位于内蒙古自治区额济纳旗境内，其东侧的胡杨林深

处，有一块巨大的石碑格外醒目，石碑铭文为"内蒙古自治区额济纳旗党政机关旧址——宝日乌拉"。石碑真实记载着 1958 年国家在额济纳旗境内建设东风航天城时，额济纳旗 2 个苏木、1 个农场的人民迁出黑河沿岸近 4 万平方公里的世代居住的水草肥美的牧场和家园的历史。1958 年，额济纳人顾大家舍小家，毅然放弃最好草场，向北搬迁到 150 公里处的额济纳河下游，在茫茫戈壁上重建家园。旗政府从宝日乌拉搬到建国营，后又搬到达来呼布，"三迁旗府"成为额济纳人民支援国防事业的动人佳话。

50 多年间，东风航天城为我国航天事业建立卓越功勋。1960 年 9 月，我国用国产燃料在新落成基地成功发射第一枚苏制近程导弹；1960 年 10 月，成功发射第一枚国产地对地导弹；1966 年 10 月，第

发射场建设初期生活条件极其艰苦

一次成功实现"两弹结合"试验；1970年4月24日，成功发射第一颗"东方红"人造卫星；1975年11月26日，"长征二号"运载火箭成功将第一颗返回式照相侦察卫星送入预定轨道并且按时回收；1980年5月18日，第一枚远程运载火箭成功发射并且落入太平洋预定水域；1981年9月20日，第一次成功发射"一箭三星"，即"风暴一号"火箭运载3颗空间物理探测卫星，并将其送入预定轨道；1987年8月5日，第一次使用"长征二号丙"运载火箭，将搭载着两台法国微重力试验装置的返回式卫星送入预定轨道，5天后成功回收，顺利完成卫星对外搭载商业服务的任务。

聂荣臻元帅对额济纳人民为中国航天事业做出的无私奉献深为感动，高度赞扬额济纳旗人民为国防建设作出的巨大牺牲，并表示有机会一定要回报首任东风航天基地司令员孙继先将军也曾动情地说："额济纳旗人民为了国防事业建设，让出了一块富饶的土地，做出了牺牲。我们一定要记住他们，今天应该帮助他们，共同把额济纳旗建设得更好。"每个额济纳人说起自己家乡都自豪无比，因为，这里是"神舟"飞船起飞的地方，更是中华儿女飞天圆梦之地。

东风航天基地

"飞天"是中华民族的千年梦想。

中国进行载人航天研究的历史可以追溯到20世纪70年代初。在中国第一颗人造地球卫星"东方红"

一号上天之后，钱学森就提出，中国要搞载人航天。当时，国家将这个项目命名为"714工程"（即于1971年4月提出），并将飞船命名为"曙光一号"。然而，中国在开展一段时间的工作后，认为无论是在研制队伍、经验方面，还是在综合国力、工业基础方面，搞载人航天工作都存在困难，所以这个项目被迫搁置。

进入20世纪80年代后，中国的空间技术取得长足发展，具备返回式卫星、气象卫星、资源卫星、通信卫星等各种应用卫星的研制和发射能力。特别是1975年，中国成功发射并回收第一颗返回式卫星，成为世界上继美国和苏联之后第三个掌握卫星回收技术的国家，这为中国开展载人航天技术的研究打下坚实基础。

1992年9月21日，中共中央政治局常委会议做出实施中国载人航天工程的战略决策，代号"921"工程，发射场定在额济纳旗东风试验基地。中国载人航天工程是中国空间科学实验的重大战略工程之一。整个工程由航天员、飞船应用、载人飞船、运载火箭、发射场、测控通信、着陆场七大系统组成，涉及航空、船舶、兵器、机械、电子、化工、冶金、纺织、建筑等多个领域，在全国有3000多个协作单位、数十万科技人员承担着建设任务。1994年7月3日，中国载人航天发射场正式开工建设；1997年底竣工；1998年10月正式投入使用。

军民合影

钱学森

发射场通过飞船、火箭的技术合练后，又进行了一次零高度逃逸救生飞行试验。1999年11月，东风航天基地迎来中国载人航天工程首次发射任务。

1999年11月20日，中国第一艘无人实验飞船——"神舟一号"飞船在额济纳旗境内东风航天城发射升空，21小时后在内蒙古自治区中部回收场成功着陆，圆满完成"处女之航"。这次飞行试验的成功为中国载人飞船上天打下坚实基础。2001年1月10日，中国在额济纳旗境内东风航天城成功发射"神舟二号"飞船。2002年3月25日，中国在东风航天城成功发射"神舟三号"飞船。2002年12月30日，中国在东风航天城成功发射"神舟四号"无人飞船。

2003年10月15日，中国自行研制的第一艘载人飞船——"神舟五号"在额济纳旗境内东风航天城发射升空。10月15日5时20分，航天员出征仪式在问天阁举行。胡锦涛等国家领导人会见首飞梯队3名航天员。5时30分，中国首位航天员杨利伟向中国载人航天工程总指挥李继耐报告，请示出征。9时整，"神舟五号"载人飞船在额济纳旗境内东风航天城发射升空。9时9分50秒，"神舟五号"准确进入预定轨道。这是中国首次进行载人航天飞行。乘坐"神舟五号"载人飞船执行任务的航天员是38岁的杨利伟，是中国培养的第一代航天员。"神舟五号"在太空中绕地球飞行14

圈，经过 21 小时 23 分、60 万公里安全飞行后，于 16 日 6 时 23 分在内蒙古主着陆场成功着陆。"神舟五号"载人飞船成功发射，中国人千百年飞天梦想实现。

2005 年 10 月 12—17 日，中国成功进行第二次载人航天飞行，也是中国第一次将两名航天员——费俊龙、聂海胜同时送上太空。

2008 年 9 月 25 日，中国第三艘载人飞船"神舟七号"成功发射，3 名航天员翟志刚、刘伯明、景海鹏顺利升空。27 日，翟志刚身着中国研制的"飞天"舱外航天服，在身着俄罗斯"海鹰"舱外航天服的刘伯明的辅助下，进行了 19 分 35 秒的出舱活动。中国随之成为世界上第三个掌握空间出舱活动技术的国家。2008 年 9 月 28 日傍晚时分，"神舟七号"飞船在顺利完成空间出舱活动和一系列空间科学试验任务后，成功在内蒙古中部四子王旗着陆。

2011 年 9 月 29 日 21 时 16 分 3 秒，"天宫一号"在东风航天城发射。"天宫一号"是中国第一个目标飞行器和空间实验室，飞行器全长 10.4 米，最大直径 3.35 米，由实验舱和资源舱构成。它的发射标志着中国迈入中国航天"三步走"战略的第二步第二阶段。2011 年 11 月 3 日凌晨，"天宫一号"实现与"神

舟八号"飞船的对接任务。2012 年 6 月 18 日下午（14 时 14 分），"天宫一号"与"神舟九号"对接成功。"神舟十号"飞船也在 2013 年 6 月 13 日 13 时 18 分与"天宫一号"完成自动交会对接。

空军试验训练基地

在额济纳旗境内南部，有一片民用地图上没有标注任何字样的地方。

虽然有很多人去过那里，看到过苍凉古道、汉代烽燧，但绝不会想到，在那片戈壁深处，隐藏着一个中国最顶尖、最现代的空军试验训练基地。

基地中心部位道路纵横交错，科研楼、办公楼、宿舍楼鳞次栉比，商场、礼堂、学校、宾馆赫然在目，周围是高高的白杨树和长满芨芨草、柽柳的绿地。漫步在绿荫掩映的街道上，你会忘记自己正置身大漠深处。

再往里走，一座座试验站、雷达站巍然矗立；一处处观测点、发射阵地星罗棋布。停机坪上，歼击机、轰炸机、运输机、靶机等分列两侧，一眼望不到尽头。

2008 年新年伊始，某新型导弹试验现场。

"1 分钟准备！"

"发射！"随着指挥员一声令下，翱翔于蓝天的战鹰机翼下陡然

东风航天城的晚霞

吐出一团耀眼的火花，旋即在长空中划出一道白线，拖着长长白烟的导弹精准命中远方目标。

这一幕就发生在曾经升起"神舟"号飞船的千里戈壁滩上。驻守在这里的军人们，在50年漫漫岁月里书写下无数强国强军的壮丽诗篇。

大漠铸"箭"

1958年春天，沉寂已久的巴丹吉林沙漠边缘的大漠戈壁，陡然间热闹了起来。经中共中央批准，这里将建设中国第一个陆上导弹靶场。

就在这一年4月，陈士榘上将率领10万建设大军开进戈壁滩。这些从朝鲜战场凯旋的功臣们，还未来得及洗尽身上的征尘，就一头扎进大漠，拉开导弹基地建设的序幕。紧接着，科研院所专家、大学毕业的学子投笔从戎齐集边关，投身国防尖端武器试验事业。

瀚海大漠，洪荒绝地。扎下根，立住脚，太难！恶劣的自然环境不允许人类在这里生存。

创业是艰苦的，尤其是在寸草难生的荒漠中创一番辉煌事业。戈壁气候极其恶劣，夏季炎热，沙滩温度最高达70℃；冬季更是长达6个月，气温时常零下30℃；最糟糕的是"三天刮一次，一次刮三天"的沙尘暴。在这里，只有骆驼刺等生命力极强的植物。

然而，这里却是一个条件绝好的天然航空防空武器试验靶场：有晴朗天空，年平均日照时间长，为导弹试验观测提供有利条件；荒漠中人烟稀少、地势平坦，使安全和搜寻试验残骸均有保障。

基地流传着"三棵树定点"的故事。1958年，选点专家们在沙漠深处遇到一位苦修的蒙古族喇嘛，专家们问他："戈壁滩能否种树？"喇嘛回答："能不能种树我不知道，但是我这门前有三棵胡杨树。"果然，在修行喇嘛的蒙古包前，三棵胡杨树傲然挺立。有了生命便有了希望，专家们下定决心在这里建场。

靶场建成，试验开始。从未接触过导弹的科研人员们在苏联专家的指导下，攻克一道又一道难关。

1960年底，我国首枚地对空导弹在这里试验成功。此后不久，中国军队序列里首次出现导弹部队。

半个世纪过去了，空军试验训练基地创造了一个又一个奇迹。

第一颗原子弹从这里运往爆区，第一枚空空导弹在这里试验成功，第一架无人驾驶靶机从这里升空……

基地试验能力也悄然达到世界先进水平。

一路风雨，一路凯歌。无论是20世纪80年代靶场改扩建，还是20世纪90年代基地现代化，英雄"铸箭"人披肝沥血，谱写出一篇篇精美华章：先后进行数千枚防空导弹发射试验，完成高、中、低空和中、远、近程以及各种制导方式数十种型号导弹的研制、检验、定型试验任务，将一枚枚新型"神箭"列装到空军部队，为祖国领空筑起一道钢铁防护网。

龙城飞将

1995年4月13日，这是中国航空史上一个永远值得纪念的日子。这一天，我国自行研制的首架超音速无人驾驶飞机试飞。

上午9时45分46秒，无人机呼啸而起，直插云天。

在指挥大厅的巨型屏幕上显示着无人机的空中飞行状态：冲过低速难关—冲过高速难关—向音障冲刺。

音障被航空界称为超音速无人飞机的"死亡线"，此次试飞的成功与否，关键要看能否冲破这条"线"。

第一次冲障失败！

只见银鹰迅速按指令自动关闭调整程序，重新跃升，平飞，俯冲，加速，再加速，发起第二次冲刺。

0.9马赫，1马赫，1.2马赫……终于，音障被冲破！

曾几何时，西方航空界断言：中国20年也搞不出超音速无人机！

"神舟六号"升空瞬间

　　1991年，任务争取到手。基地主研员迅速组织攻关小组进入"超音速"工作状态。

攻关小组人员每天平均工作15个小时以上，所画各种图纸加起来可以铺满近10公里的高速公路。在

100个日日夜夜里，他们做完全部理论数据测算推导。在4年时间里，他们自己动手制作了8个系统2万多套设备及配件，突破了国际通用数字式解决无限变数理论界线和力学快速控制及地面效应三大理论，攻克了世界航空史从未遇到过的地面纠偏、平衡离陆、各种无线电信息兼容等十大技术难题。

他们如期向祖国和人民交出满意答卷。1995年4月13日，我国首架超音速无人驾驶飞机试飞成功。成为世界上第二个拥有实体型超音速无人靶机的国家。

"但使龙城飞将在，不教胡马度阴山。"为了祖国国防事业，基地的科技精英们呕心沥血、忠贞无悔，甚至奉献出生命。

几代人用半个世纪在荒凉的大漠中书写了一个又一个传奇。书写这些传奇的就是空军试验训练基地从未改变的精神。

基地精神或许可以这样解读：在戈壁滩上，胡杨生一千年不死，死一千年不倒，倒一千年不朽。像胡杨般坚韧，就是基地精神的本质。

"死在青山头，埋骨戈壁滩。"这是当年开拓者的誓言。在基地北部，有一片被叫作"幸福村"的东风革命烈士陵园——基地人以献身基地为幸福、为光荣。

在戈壁滩上与导弹打了近30年交道的一位将军曾作诗一首，道出基地将士的一腔情怀：

问君西来意何求，
蓝天试剑自运筹。
大漠茫茫天地阔，
长风烈烈岁月稠。
临空欲寻阳关绩，
驻地尽变芙蓉洲。
边疆儿女红颜老，
江山与我共风流。

当代风采

HUASHUONEIMENGGUeji'naqi

当 代 风 采
DANGDAIFENGCAI

经济腾飞、文化进步、旅游兴盛、对外开放、生态保护、交通便利……这一切构成了当代额济纳的风采，也印证出额济纳人不朽的胡杨精神。

农牧业
特色种植业

额济纳旗远离工业园区及农业生产区，污染小，是一个独特的绿色环保区。加之日照充足、昼夜温差大，发展特色种植、绿色种植十分有利。十年间，培育出"漠洲棉花""居延蜜瓜"两个地方品牌，并注册国家商标。在苏泊淖尔苏木、巴彦陶来苏木、达来呼布镇重点发展蜜瓜产业，初步建立优质蜜瓜生产基地；同时，推广无公害生产技术，有效防控病虫害，提高蜜瓜商品率和产出量，提高市场竞争力。在东风镇重点发展棉花产业，初步建立优质棉生产基地。2015年，完

居延蜜瓜加工厂

成农作物播种面积7.7万亩，其中，蜜瓜6.13万亩、枸杞0.3万亩、其他农作物1.27万亩；蜜瓜总产量达15万吨。蜜瓜、棉花等特色种植业成为额济纳旗种植业的支柱产业和农牧民增收的重要渠道，相关产品已远销北京、天津、上海、"两湖"、"两广"等30多个大中城市和地区。

高端畜牧业

十年来，额济纳旗坚持以生态建设为立旗之本，收缩草原畜牧业规模，以重点项目建设为依托，加大舍饲养殖基础设施建设力度，建成舍饲棚圈1025座、青贮窖865座、贮草棚104座，配备饲草料加工机械718台（套）。同时，积极引导牧民转变草原畜牧业生产经营方式，发展舍饲、半舍饲养殖和农区畜牧业，初步形成以巴彦陶来苏木、达来呼布镇为中心，辐射东风镇、苏泊淖尔苏木和赛汉陶来苏木的舍饲养殖基地。2015年，全旗牲畜总头数达到11.48万头（只），其中，羊8.94万只、骆驼2.04万峰；全旗舍饲、半舍饲和农区畜牧业养殖规模达到7万头（只），良种畜比重达到90％以上；全旗规模化养殖业不断发展，畜禽规模养殖场（户）达到30余家（户），规模养殖推进了额济纳旗畜牧业产业化的发展进程，并使之呈现出良性发展的趋势。

散养白绒山羊

沙产业

2005年以来，随着各项生态建设工程的实施，额济纳旗广大沙区治理区林草植被资源不断增加，既显著

人工种植梭梭林地

梭梭林地

改善了当地生态环境状况，又为沙产业的发展奠定了良好基础。同时，重点培育沙产业龙头企业，支持企业进行原料基地建设；鼓励农牧民积极种植梭梭，推广人工肉苁蓉嫁接技术；涉农部门整合项目资源，结合实际，在技术指导、设施配备方面给予扶持。2015年，全旗梭梭林面积380余万亩，年产肉苁蓉80余吨。其中，人工种植梭梭林面积27万余亩，在天然和人工种植的梭梭林中实施肉苁蓉嫁接面积10万亩。全旗有沙产业企业5家，农牧民种植户数达150余户。

工矿业

额济纳旗工矿业支柱产业主要为采掘业，从2002年开始起步。至2015年，规模以上企业有8家。

风能

区域布局

2002年以后，额济纳旗依据工业结构和产业发展状况，重点围绕策克口岸布局工业项目，在策克—赛汉陶来一线做好新能源项目布

工厂一角

局。其他地区改造提升传统产业水平，适度发展工业，做好初级原材料加工项目布局。

产业布局

以策克口岸为中心，大力发展国际贸易、国际物流、现代服务业、过境加工、节水型清洁煤炭综合利用、畜产品加工。在策克—赛汉陶来沿线发展"风光"清洁能源产业。

矿山

煤炭贮存厂

级自然保护区；2003年，被国家林业局评为"国家森林公园"；2005年，被国土资源部评为"国家地质公园"；2009年，加入联合国国家地质公园

在达来呼布镇做好蜜瓜深加工，苁蓉、黑果枸杞、骏枣、苦豆子等绿色沙生植物产业化项目；其他地区改造提升传统金属、非金属初级采选加工矿山建设水平，适度地发展工业，建设"绿色矿山"。

文化旅游

胡杨林旅游区

景区概况

额济纳旗胡杨林景区西起额济纳河达西敖包音高勒（一道河），东至毛农音高勒（八道河）巴丹吉林沙漠北缘腹地，景区总面积约为8280公顷，自然景观与人文景观极为丰富。2003年，景区晋升为国家网络,被联合国教科文组织评为"中国阿拉善沙漠世界地质公园"。景区以胡杨林、巴丹吉林沙漠为核心吸引力,以蒙古土尔扈特部落文化为主线,彰显胡杨精神,展现大漠苍穹之壮美景色,集生态观光、科普教育、文化体验、休闲娱乐、主题度假等多种服务于一体,带游客

胡杨林景区

红草滩

感受五彩斑斓、神奇梦幻的自然风光，体验精彩纷呈的旅游项目。

2014 年，胡杨林旅游区被国家旅游局评为"国家 AAAA 级旅游

2000 年 10 月 4 日，额济纳旗首届"金秋胡杨旅游节"隆重开幕

渔舟晚唱

景区"。2015年，额济纳旗胡杨林景区全力创建国家AAAAA级旅游景区，致力将景区打造成集生态观光、休闲度假、文化体验、运动娱乐、科考探险等于一体的世界级生态文化旅游目的地。

每年国庆节前后的十五天是额济纳旗观赏胡杨的最佳时节。虽说金秋时节的胡杨林与沙漠最为壮观，但其实每个季节的胡杨林都有着不一样的美。春天，胡杨微吐绿芽，一派欣欣向荣的繁盛景象；盛夏，胡杨身披绿装，绿意盎然；金秋，胡杨秀丽的风姿或倒影水中或屹立于大漠，尽显生命的灿烂辉煌；寒冬，胡杨银装素裹，傲然挺立。此外，碧空、晨曦、夕阳、晚霞、繁星等自然景观，都描绘出一幅幅绝美画卷。

配套设施

胡杨民俗风情园　在这片胡杨林的深处，居住着多户土生土长的土尔扈特蒙古部人家。他们在这里搭建起蒙古包，过着舒适、幸福、富足的生活。他们依旧保留着传统的蒙古族生活习惯，伴着悠扬的蒙古长调，日出而作，日落而息。每当有全国各地的游客来到这里，热情好客的土尔扈特人便会拿出自己亲手做的奶食品来招待远方的客人。

胡杨文化陈列馆　胡杨文化陈列馆里摆放着很多胡杨的根雕艺术作品，放映厅里播放着关于胡杨的宣传片。

沙漠冲浪、滑沙　在这里还可以驾沙滩卡丁车、吉普车"冲浪"。除此之外，沙滩排球、滑沙、骑马、

土尔扈特人家旅游景点

骑骆驼等各种娱乐项目会让你充分享受沙漠的无限乐趣。

配套项目

《阿拉腾陶来》 音乐剧《阿拉腾陶来》采用蒙古族舞蹈、呼麦、长调等歌舞艺术与美国百老汇音乐剧相结合的表演形式，由三幕组成：第一幕以张骞出使西域的故事为线索，展示汉朝与西域各国的友好往来。第二幕讲述土尔扈特蒙古部族东归的历史故事。第三幕讲述额济纳旗各族群众迁徙他乡，为东风航天基地建设作出贡献的动人故事。这部音乐剧由美国百老汇音乐制作人董方思导演，蒙古族词作家克明编剧、作词，蒙古族作曲家色·恩克巴雅尔作曲，内蒙古民族歌舞剧院、额济纳旗乌兰牧骑等艺术团体的演员参演。

祭敖包 祭敖包是额济纳旗蒙古族同胞的一项重要祭祀活动，多在清晨举行。祭敖包以血祭和酒祭为主：血祭，就是把最肥的羊宰杀后供奉在敖包前；酒祭，则是将鲜奶、奶油、奶酒一滴一滴地洒在敖包前。祭祀时，凡参加者都要在敖包上添石块、插树枝、献哈达，并把祭品虔诚地放在敖包前。待主持人吹响螺号，喇嘛诵经声起时，人们便绕敖包三周，祈求风调雨顺、人畜兴旺。随后，便举行传统的赛马、射箭、摔跤、民间棋牌等文体娱乐活动。

特色景点

胡杨林 蒙古语称作"陶来"。一场酝酿千年的美丽盛宴在额济纳缓缓拉开序幕。"一树三叶""虽死犹生"等景点从科学角度逐一解开胡杨"活着千年不死、死后千年不倒、倒后千年不朽"的秘密。斑斓的胡杨林与静默的额济纳河交相

秋韵

辉映，成就了中国最美的秋色，一年一轮回，惊艳世人。

金秋 吴英凯／摄影

怪树报晓

223

晨牧

塔王府　这座隐匿在胡杨林中的神秘四合院，曾经是额济纳旗的政治中心，也是土尔扈特部第十二代郡王塔旺嘉布的官邸。它历经百年，见证了蒙古土尔扈特部和平起义、平息匪患、三易旗府等一次又一次的爱国壮举，如今更成为额济纳旗人民心中的爱国主义教育基地。

红柳海　红柳遍地生根、开花、结果，是荒漠上最普通、最常见的一种植物。它没有伟岸的身躯，没有婀娜的身姿，也没有甘甜的果实，却有着最执着的根蒂，和荒漠紧紧相依。置身红柳海中，登高纵览，红云舞动，似锦如霞，蔚为壮观。

沙海王国　巴丹吉林沙漠拥有连绵巍峨的无尽沙峰、动人心弦的绝美曲线、如梦如幻的光影色调，是摄影家梦寐以求的创作天堂，更是天然的沙海王国。大漠驼铃、沙海冲浪、沙疗养生、极限穿越、徒步探险等数十个体验项目带你体验一场独具特色的狂欢盛宴。

黑城——怪树林旅游区

景区概况

黑城　由马可·波罗记下的丝绸之路北道，经居延地区，是河西走廊通往漠北的必经之路和交通枢纽，地理位置十分重要，历朝历代多于此设立城塞，以强化对居延的控制权。盛极一时的军事重镇——

黑城在西夏、元朝历史上占有非比寻常的地位，是草原丝绸之路上现存最完整、规模最宏大的一座古城遗址。因水源枯竭，早在14世纪中期，黑城就已成为沙海中的孤城残址了，但2000年前开辟的丝绸之路的北线——居延南路就从这里通过，因而仍具有极高的研究价值。2001年6月25日，黑城遗址被国务院批准列入第五批全国重点文物保护单位名单，归入居延遗址项目之中。

怪树林　怪树林位于达来呼布镇东南20余公里处的荒漠中，是一片东西宽、南北长的辽阔地带。这里曾是一片茂密的胡杨林，由于河水改道，水源断绝，树木大面积枯死。

怪树林

而胡杨耐腐性强，故大片枯死的胡杨树干依然直立在戈壁荒漠之上，形态怪异，悲凉壮观。千姿百态的胡杨枯木、震撼人心的生命景观，再加上斑驳陆离的光影条件，怪树林早已成为人文学家和摄影爱好者的"寻宝"圣地。

2013年，这一带正式被命名为

怪树林

大同城　吴英凯/摄影

"黑城—怪树林景区"。2015年，黑城—怪树林景区争创AAA级旅游景区。

配套设施

黑城—怪树林景区购物设施主要位于景区的各级游客服务中心以及商业街区。商品类型以日用品、旅游纪念品、土特产品、摄影器材、营地用品为主。

配套项目

黑城—怪树林景区配套项目主要有骑骆驼、骑马、穿民族服饰摄影等。

特色景点

红城　蒙古语称"乌兰都日博勒金"，即红色的方城。"红城"这个名称是后人依据颜色附加的。

红城近似正方形，长23米、宽22米，面积仅506平方米，墙基厚4米、上厚2.8米，高7米，并建有矮城堞。城墙均以土坯砌筑，每三层土坯加一层芦苇，以增加墙壁的稳固性。红城在居延地区汉代建筑遗址中，是保存最完好的城障之一。1988年，红城被列为第三批国家级重点文物保护单位。

大同城　大同城遗址位于达来呼布镇东南约19公里处，由内、外两道城墙组成。此城建于唐朝中期，前身是北周宇文邕的大同城旧址，也是隋唐大同城镇和安北都护尉的治所。唐朝天宝二年（743年），在此设置"宁寇军"，统辖居延地区军务。

居延海旅游区

景区概况

自古以来，居延海地区就是一个碧海云天、水草茂盛的好地方，是人类繁衍生息的理想之地。史籍记载，这里从黄帝时代就开始与中原地区农耕民族交往。唐代诗人王维、陈子昂、钱起等都曾著诗赞美。居延海地区以其悠久的历史和灿烂的文化引起世人瞩目，在中华民族发展史上，特别是在西北少数民族发展史上具有重要的地位。居延海碧波荡漾，湖畔芦苇丛生，湖中生长着鲤鱼、鲫鱼、大头鱼、草鱼等鱼类，天鹅、大雁、鹤、水鸭等常来此栖息。

配套设施

居延海景区配套设施主要有日出观景台、集中宿营区、游船、敖包等。

配套项目

居延海景区配套项目主要有骑乘骆驼、乘坐游艇到蒙古包品尝居延海野生鱼等。

特色景点

宝日敖包　"宝日"是蒙古语，汉语意为紫色。传说，道家学派创始人老子曾在居延海一带教化胡人先民，后得道成仙，故而居延海经常紫气升腾，居延海海边的这个敖包也被称为"宝日敖包"。

祭敖包的时间一般为每年春、秋两季。祭祀时，喇嘛诵经，点火烟祭；在敖包上插柏枝、献哈达、挂彩旗，在木架上拴挂各类牲畜连绳、串起来的羔羊耳记等，将带来的鲜奶、酥油、奶茶、食品或酒等洒在敖包上，祈求平安幸福、风调雨顺、牲畜兴旺。

居延海

流沙仙踪　相传，西周国力衰弱，道家学派创始人老子看破红尘，骑青牛冉冉西游，到函谷关（今河南省灵宝市东北）为天水人尹喜写下著名的《道德经》后，便西行千里，没入流沙，得道成仙。这处流沙便为今日的居延海。《张掖县志·古迹篇》记其为"流沙仙踪，以耀其辉"，故景点定名为"流沙仙踪"。在此瞻仰老子塑像，观赏水天一色、飞鸟翔集的桃源胜景，美哉！

天骄牙帐　传说，成吉思汗行军打仗时曾在居延湖畔休顿停歇，担任过成吉思汗护卫军的土尔扈特人是居延地区至今人数最多的蒙古族人。元朝灭亡后，这个部落迁徙到伏尔加河流域。清朝康熙年间，500多名蒙古土尔扈特部壮士克服重重困难，不远万里回归祖国，进入额济纳河流域，成为东归先驱，在居延绿洲定居至今。

口岸开放

地理位置

中国策克口岸位于内蒙古自治区额济纳旗境内，距额济纳旗人民政府达来呼布镇77公里，东距巴彦淖尔市甘其毛都口岸800公里，西距新疆老爷庙口岸1200公里，与蒙

国门

中蒙两国签约仪式

古国南戈壁省西伯库伦口岸对应；对外辐射蒙古国南戈壁、巴彦洪格尔、戈壁阿尔泰、前杭爱、后杭爱五个畜产品、矿产品资源较为富集的省区，是阿拉善盟对外开放的唯一国际通道，为内蒙古、陕、甘、宁、青五省区所共有的陆路口岸，同时也是内蒙第三大口岸。1992年，经自治区政府批准，策克口岸双边季节性开放，口岸开放时间为每年3月、6月、9月和12月的1—20日。

2005年6月29日，国务院批准策克口岸为中蒙双边常年开放陆路边境口岸，分设公路通道和铁路通道，并批准设立策克口岸海关、边检、检验检疫等查验机构。

2009年1月12日，策克口岸正式开始中蒙双边常年通关。

2010年7月8日，中蒙双方举行会晤，原则同意将策克口岸升格为国际性开放口岸。

口岸贸易

1992年，策克口岸开通，中蒙双方开展形式多样的经贸合作交流，带动了地区餐饮住宿、商品零售、仓储运输、修理、装卸等服务业的繁荣发展。2008年底，策克口岸实现62次季节性贸易通关，口岸过货总量854万吨；进口商品以原煤、有色金属为主，出口商品以粮油、日用百货、服装、建材、农牧机具产品为主。

2010年，策克口岸进出口货物865.88万吨（包括进口蒙古国原煤861.82万吨），进出口贸易额4.41亿美元；出入境车辆22.24万辆（次）；出入境人口28.42万人（次）。

2013年，策克口岸进出口货物752万吨。"十一"黄金周、额济纳旗第十三届金秋胡杨节期间，在策

中蒙边民互贸集市 张强 / 摄影

克口岸举办了首届蒙古国商品展销会。来自蒙古国的40多家商户入驻策克口岸，营业额达40万元人民币；国内近百家商户设点经营，营业额达300余万元。接待赴口岸参观旅游人员5万人（次），旅游及边民互市贸易取得较好经济和社会效益。

2015年，策克口岸累计进口蒙古国原煤762万吨；进口货值119899.15万人民币；煤炭进口企业由7家增至14家，煤炭贸易日趋活跃。煤炭销售辐射甘肃省金昌、酒泉、嘉峪关、张掖，宁夏回族自治区石嘴山以及河北、河南、天津等省市。

中蒙边民互贸集市一角 张强 / 摄影

策克口岸　张强／摄影

生态保护

污染物减排任务

2011—2015年，额济纳旗取缔关停14家10吨以下的燃煤小锅炉，完成达来呼布镇污水处理厂升级改造项目和76公里污水管网工程，新建策克口岸生活污水处理厂，确保主要污染物二氧化硫和化学需氧量的削减，完成盟行署下达的年减排计划，实现主要污染物双降、双减目标。

2011—2015年，额济纳旗主要污染物二氧化硫削减246吨，控制在2120吨以内；氮氧化物削减1084吨，控制在1046吨以内；化学需氧量削减17吨，控制在590吨以内；氨氮排放总量和2010年持平。

大气污染防治

2015年以后，额济纳旗达来呼布镇空气质量有效监测天数为365天，二氧化硫、二氧化氮、总悬浮颗粒物浓度值均达到《环境空气质量标准》（GB 3095—1996）二级及修改单标准。2015年，全年额济纳旗境内优良天数达到340天，除去25天沙尘天气，没有重污染天气出现。2015年底，额济纳旗完成空气自动监测站建设，已试运行。

矿山环境整治

2015年以后，额济纳旗完成《额济纳旗"三区两线"可视范围内矿山地质环境保护与治理规划》的编制、评审工作，由旗政府发布实施。

开展京—新高速公路、额—哈铁路沿线挖沙取土点及54家临时设置的砂石料场地质环境治理工作。整治交通主干线和保护区周边地质环境，拆除八道桥附近搅拌站1处，蹲点指导8家石料矿开展治理，监督2处关闭石料场完成闭坑治理。

水环境治理

2014年，额济纳旗组织实施达

233

来呼布镇污水处理厂升级改造及管网配套工程，新建一座采用CWSBR处理工艺、日处理规模5000立方米的污水处理厂，配套管网长度9.5公里，项目投资4800万元。至2015年底，该项目处于试运营阶段。2015年，处理污水142万立方米，污水处理率为79.10%，污水排放达到《城镇污水处理厂污染物排放标准》（GB 18918—2002）一级A类标准，未存在超标排放现象。

2015年底，额济纳旗投资4286万元建成日处理3000立方米的策克口岸生活污水处理厂。

2002年，额济纳旗编制《额济纳旗饮用水源地保护区规划》，定期实施水质监测，确保饮用水源安全。至2015年底，完成达来呼布镇污水处理厂升级改造项目建设，投入试运行。

2015年，开展饮用水源地水质监测工作，确保饮用水源地的安全。全年，旗境内黑河流域水质达到《地表水环境质量标准》（GB 3838—2002）Ⅲ类标准；完成达来呼布镇饮用水源地和策克口岸水源地围封设标工作。

农牧区污染整治

2014年以后，额济纳旗全面推进农牧区环境综合治理，结合社会主义新农村、新牧区建设，精准扶贫工程，实施以村庄道路修建、垃圾清理、污水处理、村舍改造、村庄绿化等为主要内容的环境建设工程，落实每村编制环境综合整治方案工作，按时序进度，争取每年完成2个村的整治任务。截至2015年年底，全旗农村生活垃圾收集率、清运率和处理率均达到100%。

自然保护区监管

额济纳旗贯彻执行国家十部委下发的《关于进一步加强涉及自然保护区开发建设活动监督管理的通知》。截至2015年年底，旗境内有国家级自然保护区——胡杨林国家级自然保护区和自治区级自然保护区——额济纳旗马鬃山古生物化石自然保护区各一处。

冰封胡杨林

绿洲环境治理

2004 年以后，额济纳旗围封禁牧草场 450 万亩，划出轮牧草场 10 万亩、休牧草场 80 万亩，退牧

公益林灌溉筑埂打坝

天鹅湖放鱼

义务植树

牲畜 10 万头（只）。区域内生态环境恶化趋势整体得到遏制，局部恢复改善。

2002—2006 年，历时三年的黑河下游额济纳绿洲抢救与生态保护工程主体工程建设全部完工。黑河下游额济纳绿洲抢救与生态保护工程作为国家治理西部生态的一个重点工程，总投资 4.99 亿元，共分生态工程、水利工程、绿洲灌溉配套工程三大部分。2002 年 6 月工程开工建设，至 2006 年完成。

2006—2010 年，额济纳旗累计投入资金 8.1 亿元用于生态保护和建设，完成黑河综合治理及绿洲配套灌溉工程，实施公益林保护、退牧还草、退耕还林等重大生态建设项目，额济纳绿洲生态保护成效明显，祖国北部生态屏障作用进一步发挥。全旗新增国家重点公益林面积 118 万亩，完成人工造林 15 万亩，围栏封育天然林 25.7 万亩，完成生态绿洲保护面积 506 万亩；连续 11年成功实施黑河分水，入旗水量累计 57 亿立方米，45 万亩绿洲得到有效灌溉，东居延海水域面积保持在 40 平方公里左右。

2007 年，在黑河综合治理工程和生态恢复与保护工程取得突破性进展的同时，额济纳旗加快推进退牧还草进程，以确保牧民"搬得出来、稳得下来、富得起来"。

2010 年，额济纳旗 30 万亩胡杨林受到围封保护，胡杨林得到复壮更新。封育前，部分胡杨林围栏

人工梭梭林

湿地公园

封育区多为老树和过熟残林，林下植被稀疏；封育后，胡杨根苗日渐繁盛，植物种类增加10多种，生物种类也逐渐增多，林下植被覆盖度较封育前提高40%，胡杨林面积由37万亩增加到44万亩。20年间，额济纳旗进一步加大草原生态环境保护力度，绿洲草场退化趋势不仅得到遏制，而且植被种类增多、覆盖度提高。2015年，绿洲内有胡杨林和胡杨沙枣混生林46万亩、柽柳林124万亩、梭梭林278万亩；林下伴生植物有苦豆、甘草、芨芨、芦苇等，面积约100万亩。

退耕还林

黑河治理

黑河是我国第二大内陆河，发源于青海省祁连山北麓，干流全长821公里，横穿甘肃河西走廊，最终流入内蒙古西北部，汇入额济纳旗东、西居延海，孕育着中国西北地区沙漠中的绿洲——额济纳绿洲。额济纳绿洲曾经是一个美丽神奇的地方。额济纳河两岸生长着大片珍贵稀有树种——胡杨及柽柳和梭梭等耐盐碱、耐干旱、抗风沙植物。

1944年，著名农林学家董正钧在居延海考察时，面对大漠中这片神奇的内陆湖泊，不禁感慨道："海滨密生芦苇，能没驼上之人，入秋芦花飞舞，宛若柳絮。马牛驼群，随处可遇……鹅翔天际，鸭游绿波，碧水青天，马嘶雁鸣……"在其专著《居延海》中，董正钧豪情勃发，吟唱道："鸿雁嗷嗷急归程，天鹅翩翩白云间。芨芨芦苇入望迷，红柳胡杨阔无边……"

然而，这一令人神往的塞上美景却从20世纪60年代开始逐渐消失。

20世纪60年代，中游地区用水量增加，使黑河下泄水量大幅度减少，造成居延海干涸，地下水位下降，水质恶化，林木大片枯死，草场退化、沙化，沙尘暴一年比一年严重，气候更加恶劣，额济纳绿洲成为危及中国生态环境的沙尘暴（黑风）发源地之一。

早在清雍正四年（1726年），驻甘巡抚年羹尧为解决甘肃省内张掖、临泽、高台、金塔诸县用水矛盾，曾组织制定黑河"均水制"，规定每年农历四月、五月，上游必须分别闭口5天和10天，不得引水灌溉，集中向下游分水。

1956年1月7日，在赛汉陶来苏木召开的全旗两级干部会议上，与会代表就提出过黑河来水减少，引起草原退化的问题。由于黑河入境水量逐年减少，到1961年，西居延海267平方公里水域面积彻底消失，东居延海35.5平方公里水域面积也随之干涸3年，整个绿洲生态环境严重恶化。1962年1月，根据内蒙古自治区党委副书记王铎指示，由内蒙古自治区水利电力厅副厅长徐仁海、额济纳旗副旗长额日登格日勒等组成的"额济纳旗用水交涉小组"赴甘肃省请求放水。从此，内蒙古自治区和甘肃省拉开"交涉要水"序幕。之后，国家水利部开始介入黑河流域水资源分配和利用情况调研工作。1963年2月11日，内蒙古自治区人民委员会致函甘肃省，要求合理解决额济纳旗用水的问题。1965年6月，经内蒙古自治区、巴彦淖尔盟、额济纳旗三级工作组实地勘察设计，提出《关于额济纳旗水利现状及对今后建设的九点初步意见》，为当时"交涉要水"提供依据，也是额济纳旗首次对水利工作进行初步规划。20世纪70年代"文化大革命"时期，额济纳旗隶属甘肃省酒泉地区管辖，"交涉要水"工作搁浅十几年。

1979年8月1日，额济纳旗重新划归内蒙古自治区管辖。1980年5月1日，阿拉善盟成立，额济纳旗归属于阿拉善盟。同年，旗委、旗政府请求国家协调解决黑河分水问题，以遏制绿洲生态恶化趋势。内蒙古自治区政府对黑河分水情况调研后，于1984年向国务院呈递专题报告，请求国家协调解决黑河中、下游用水矛盾。当年9月，国家水电部总工程师何瑾一行赴甘肃省张掖地区，主持召开黑河干流规划勘测研讨会议。经过多方坚持不懈的努力，终于使黑河分水、拯救绿洲工作摆上了国家有关部委议事日程。1991年8月，国家水利部总工程师何瑾再次率领工作组到黑河中、下游考察水资源分配和利用情况，为制定黑河中、下游分水方案提供相关依据。1992年12月，国家计委批准国家水利部提出的"92"分水案。1996年4月，国家水利部责成黄河水利委员会由总工程师常炳炎牵头，组建黑河流域管理局筹备组，以协

调黑河流域分水工作。1997年12月，经国务院批准，国家水利部下发《黑河干流水量分配方案》。额济纳绿洲生态环境的不断恶化，引起中共中央、国务院高度重视。1999年，中央机构编制委员会批复成立黑河流域管理局，对黑河流域水资源实行统一管理。

面对日益严峻的黑河流域生态恶化局面和突出的用水矛盾，2000年5月，国务院总理朱镕基做出具体指示：黑河问题须统筹规划，要综合治理，严格水资源管理，开发利用水资源要把生态环境用水放在第一位。要督促相关省、区和部门尽快落实分水方案。为此，国家水利部进一步组织开展了黑河水资源问题及其对策研究。国务院第94次总理办公会议专题研究了黑河流域问题，原则通过了国家水利部关于《黑河水资源问题及其对策》的研究报告，明确提出治理黑河的近期目标和要求。

2001年8月3日，国务院批准《黑河流域近期治理规划》，黑河流域治理进入实质性的操作阶段。国家决定用3年时间，投资23.5亿元，开展黑河流域综合治理工作，主要包括采取工程措施加强上、下游生态保护建设和中游主要耗水区、灌区节水改造工程建设，通过实施退耕还林还

草、调整产业结构以及合理利用地下水等综合措施，实现水资源的科学管理、合理配置和高效利用。到2003年，黑河水量的主要消耗区张掖市甘州、临泽、高台三县（区）节水23％左右，年均减少用水量5.8亿立方米，正义峡向下游增泄水量2.55亿立方米；下游酒泉地区限制鼎新片灌区用水不得超过0.9亿立方米。综合治理使得全流域每年生态用水达到9.9亿立方米，让黑河尾闾居延海重现碧波，逐步使下游生态环境恢复到20世纪80年代时的状态，实现了流域内人口、资源、环境与经济社会协调发展。其中，黑河下游额济纳绿洲抢救与生态保护工程总投资近5亿元，包括生态

工程和水利工程两部分。全面实施黑河下游额济纳绿洲抢救与生态保护工程，对黑河流域水资源统一调度、合理利用，全流域社会经济和生态环境持续发展，遏制额济纳绿洲生态环境恶化趋势，恢复东居延海周边生态环境，维系黑河流域生态平衡具有极其重要的意义。

2000年6月19日，黑河流域管理局拉开黑河干流水资源统一调度序幕。通过采取"全线闭口，集中下泄"的调水措施，2000年，黑河流域历史上首次跨省、区分水获得成功，为额济纳河下游调入总水量2.83亿立方米。2001年，在遭遇几十年不遇特大干旱的情况下，再次

2003年10月18日，旗委、旗政府在东居延海湖畔隆重举行"成功实现黑河分水目标庆典"仪式，张掖市水务局前来祝贺并赠送牌匾。

圆满完成年度下泄任务。

2002年7月17日和9月22日，黑河水两次流入干涸十年之久的东居延海，入湖水量两次合计4924万立方米，恢复水面面积23.8平方公里。这标志着黑河水量在统一调度和科学管理上取得阶段性重大胜利，充分体现了中共中央、国务院对生态修复和环境保护的高度重视及对边疆少数民族地区的亲切关怀。2003年9月24日，借上游分洪之机，成功调水入西居延海，连续干涸42年之久的西居延海过水面积达100多平方公里。黑河干流全线贯通行水，成功实现国务院确定的黑河分水目标，也标志着黑河调水工作再创新辉煌。10月18日，额济纳旗政府在东居延海畔隆重举行"成功实现

2005年10月，黑河工程狼心山水利枢纽改建工程全面竣工。

黑河工程渠道衬砌施工现场

黑河分水目标庆典"仪式。2004年是大旱之年，两次从黑河调水入东居延海，形成水面35.8平方公里，

内蒙古自治区水利厅副厅长于长剑一行考察额济纳河。

内蒙古自治区水利厅副厅长陈欣一行考察劳动渠。

为 1958 年以后最大水面。2005 年，自 1992 年以后首次实现东居延海全年不干涸，创造了内陆河人工调水奇迹。2006 年 4 月 2 日，实施非关键调度期第一次黑河调水，也是黑河干流自 2000 年实施水量统一调度

阿拉善盟副盟长龚家栋一行考察狼心山分水枢纽。

分水纪念碑

以后，东居延海首次在春季进水。10月18日，东居延海入湖水量达4750万立方米，水面面积达38.6平方公里，为20世纪50年代后期有记录以来的最大水面。2007年5月5—15日，采取"限制引水"调度措施，这是自2000年黑河干流实施统一调度以后，第二次在春季向东居延海调水，实现自2004年实施黑河调水以来东居延海连续3年不干涸。2008年，黑河调水先后4次实施"全线闭口，集中下泄"调度措施，两次输水进入东居延海，入湖水量达5590万立方米，东居延海水域面积达40.3平方公里。

东居延海长期保持一定水量，使得额济纳河下游地下水位逐步回升，动植物多样性增加，胡杨林得到抢救性恢复，胡杨和柽柳生长速度加快，草地和灌木林面积有所增加，绿洲退化趋势得到进一步遏制。

城镇建设

中华人民共和国成立初期，4000多位深明大义、顾全大局的额济纳人怀着全力支持国防建设的美好心愿，离开了祖祖辈辈赖以生存的家园，从绿洲这片最好的牧场转

环城路

移到额济纳河下游地区。十年间，额济纳旗政府驻地三度迁址，无任何城镇基本建设，房屋多为蒙古包，城镇道路建设、自来水等公共事业基本为零，可谓百业待兴。

1979年，额济纳旗人民政府所在地达来呼布镇的第一条沥青道路铺设完毕，达来呼布镇居民逐步告别了晴天一身土、雨天两脚泥，路面颠簸不平的砂石路，踏上了宽阔平整的大马路。而今，四通八达的道路体系基本建成。截至2015年，全镇主干道"五

繁荣奋进额济纳旗

滨河大道

纵五横"，支线道路 26 条，黑色路面总长度达到 54.17 公里。

1978 年以前，城镇用水全部使用水车。1978 年，达来呼布镇第一条供水主干道建设完成，管网长度总计 5.33 公里，供水管线通往千家万户，达来呼布镇居民自此告别了用畜力胶轮水车拉水，用桶挑水，土井、机电井打水的历史，过上了城里人的生活。2002 年，第一条长 4.37 公里的排污主管道建设完成。

2009 年，第一座污水处理厂建成并投入使用，配套铺设污水管网 22.39 公里，污水处理率达到 70%。截至 2015 年，全旗给水管网铺设 81.3 公里，年供水能力 41.1 万吨，供水普及率达到 93%。

1998 年，旗委、旗政府动员全社会参与城镇建设。组织干部、职工参加城镇建设义务植树活动。2007—2009 年，大绿化建设拉开帷幕。三年间，按照绿化与美化、景

观效果与生态效果、服务功能与绿化功能相统一的原则，额济纳旗进行了城镇绿化改造，最终建成了"一路一景"的城市道路绿化景观。截至2015年底，全旗城镇绿化面积达98公顷。其中，路旁植树89.8公顷，园林绿地面积8.2公顷，人均绿地面积达54.7平方米。相继建设了占地7.2万平方米的生态广场、占地6万平方米的阿拉腾陶来广场和多处街心绿化休闲广场等，给城镇增添了亮丽的景色，为城镇居民提供了开办文化活动、休闲健身的好去处，让老百姓切实享受到城镇建设带来的实惠和便利。

中华人民共和国成立初期，额济纳旗居民住房基本以蒙古包为主，人均住房面积小，住房条件差且长期不固定。1998年，通过住房分配制度改革，额济纳旗培育壮大了房地产市场。2002年3月，第一家房地产开发企业入驻额济纳旗，首批开发建设了全旗第一处住宅小区——团结小区。经过10年的开发建设，现建设住宅小区共14处，建设住宅楼91栋2559户，建筑面积累计达29.16万平方米。人均住房面积由2008年的9.88平方米增长到2015年的32平方米。此外，为解决低收入家庭住房困难，额济纳旗结合实际，制定了《额济纳旗解决低收入家庭住房困难发展规划和年度计划（2009—2011）》，并有序推进实施。两年来，建设廉租房330套，总投资1757万元，建筑面积19678.02平方米，有效改善了中低收入家庭的居住条件。全旗人居环境和条件明显改善，城镇居民的生活水平显著提高。

2005年，额济纳旗财政收入连续3年实现翻番，1.31亿元的财政收入为城镇建设提供了资金保障。

阿拉腾陶来广场

休闲广场

按照"一年一变，两年一中变，三年一大变"的奋斗目标，从2005年起，全旗城镇建设资金投入连续5年超过亿元。在不断完善达来呼布镇城镇建设总体规划和各类专项规划并严格推进落实的基础上，本着先地下、后地上的建设原则，额济纳旗启动了达来呼布镇新区建设项

学府路景观改造

额济纳博物馆

奔腾

小区建设

目，先后完成道路、桥涵、给水改造、排污、集中供暖建设，高架电缆线路地埋改造工程，路灯安装，绿化美化等基础设施建设和住宅小

一道桥夜景

达来呼布镇新貌

赛驼场

区建设等民生工程 177 项，开创了额济纳旗城镇建设新局面。5 年间，全旗城镇建设总投资达 13.54 亿元，完成工程建设项目 201 项，其中基础设施投资 6.04 亿元。新扩建市政道路 65.22 公里，城镇干道网基本形成"五纵五横"的"棋盘式"新格局；启动达来呼布镇给水管网改造和策克口岸给排水工程，铺设供水管网 40.26 公里，铺设污水管道 12.8 公里；启动达来呼布镇集中供热改造工程，集中供热面积由 36 万平方米增加到 52 万平方米，新增一次供热管线 4.8 公里、二次供热管线 5 公里、换热站 5 座。

2015 年，额济纳旗城镇建设总投资完成 7.79 亿元，在建工程项目 37 项。其中，基础设施投资 1 亿元，建筑业投资 3.42 亿元，房地产投资 1.64 亿元，其他投资 1.73 亿元。

交通运输

陆路运输

铁 路

临策铁路　2006 年 10 月 31 日，临河—策克铁路工程开工。临策铁路贯穿内蒙古巴彦淖尔市、阿拉善

临策铁路

盟。工程东起京兰通道包兰铁路临河车站，沿西北方向途经杭锦后旗、乌拉特后旗、阿拉善左旗、阿拉善右旗、额济纳旗，接嘉策铁路到达策克口岸，线路全长 768 公里，总投资 42 亿元。2009 年 11 月 23 日，该铁路全线贯通。2010 年 11 月 24 日，临策铁路正式开通客运业务。额济纳旗境内开设沃博尔、辉森乌拉西、天鹅湖、额济纳站 4 站。

额哈铁路　2015 年 11 月 7 日，横贯西北、华北，连接内蒙古、新疆、甘肃三省区的又一条亚欧运输新通道——额济纳旗至哈密的铁路全线贯通。12 月 28 日，铁路投入运营。

额哈铁路是我国中长期铁路网规划的临河至哈密线的西段，全长629.9 公里。其中，额济纳旗境内

临策铁路开通庆典仪式

火车首发

290.5公里，投资38.9亿元；甘肃省肃北县境内127.1公里、新疆维吾尔自治区哈密地区212.3公里。该铁路建设标准为国铁二级，总投资82.4亿元，建设工期一年半。额哈铁路线自临策线额济纳火车站引出后，利用临策线11.30公里至预留车站川吉图，在川吉图车站接轨后（与临策正线贯通），跨过嘉策铁路，向西北方向行进，途经额济纳旗赛汉陶来苏木和哈日布日格德音乌拉镇，西端与甘肃省肃北县接轨。

嘉策铁路 额济纳中兴铁路运输有限责任公司经营的嘉峪关—策克口岸专用运煤铁路全长457.545公里，起点为嘉峪关北站，终点为额济纳旗策克口岸，全线设有16个车站。2004年4月8日，该铁路开工建设；2005年11月24日，建成通车。2006年，额济纳中兴铁路运输有限责任公司所属嘉峪关—策克口岸铁路正式运营。

公　路

京新高速公路临白段 2015年3月，北京—新疆高速公路临河至白刺疙瘩段开工建设。2016年7月22日，京新高速公路临白三标段全线贯通。京新高速公路临白三标段位于额济纳旗境内，主线全长358公里，达来呼布连接线长12公里，建设总里程370公里，是国家"一带一路"建设的组成部分，具有重要的政治和经济意义。京新高速公路临白三标段全线贯通，对推动额济纳地区融入"一带一路"建设，破解额济纳旗"水困行难"的制约瓶颈，加强区域经济的合作交流，发挥资源优势，加快文化旅游业发展，推进

京新高速公路临白段施工现场（1）

京新高速公路临白段施工现场（2）

国家西部大开发，巩固边防、社会稳定与民族团结，促进额济纳旗社会经济快速发展具有巨大的作用。

S312线（达来呼布—银川线）2002年，国家为扶持偏远贫困旗县，启动通县（旗）公路工程，给达银公路的改造升级带来了机遇。此段公路全长734公里，额济纳旗境内176公里。2002年3月28日，该铁路工程破土动工，10月7日建成通车，完成投资1.23亿元。

S308线（达来呼布—酒泉线）达酒线起点位于额济纳旗达来呼布镇，终点在甘肃省酒泉市，全长397公里，额济纳旗境内205公里。达酒线是额济纳旗和内蒙古各盟市通往甘肃省酒泉、嘉峪关、敦煌、张掖、武威、兰州等地进行经济往来、文化交流和军民生产、生活资料运

输以及旅游观光的主要交通运输省道干线公路，也是甘肃省以及西部其他省区通往额济纳旗策克口岸从事边境贸易的唯一通道。

2007年5月15日，额济纳旗达来呼布—东风航天城公路开工奠基仪式在达来呼布镇举行。达来呼布—东风航天城公路被内蒙古自治区人民政府命名为"航天路"。公路全长156公里，批准投资2.4亿元，2008年8月18日完工。航天路起点为达来呼布镇，接酒航公路11公里处。

航空运输

鼎新军用机场　额济纳旗境内设有航空军用机场1处，对外称鼎新军用机场。航线为专线，直飞北京，约1600公里。每周3个航班，分别为周二、周四、周六往返。2000年以后，地方人员亦可搭乘。

机场建设现场

迎宾

西安—额济纳旗桃来航线　2013年12月17日14时，从阿拉善左旗巴彦浩特机场起飞的"新舟60"飞机抵达额济纳旗桃来机场，标志着额济纳旗桃来机场正式通航。至此，额济纳旗航空、铁路、公路立体交通体系初步建成。

阿拉善通勤航空试点项目是国务院、中央军委批准的国内第一家通勤航空试点，包括阿拉善左旗巴彦浩特机场、阿拉善右旗巴丹吉林机场和额济纳旗桃来机场，航空网络覆盖全盟，同时连接周边的呼和浩特、西安等主要城市。

守土戍边
基本情况

额济纳旗位于内蒙古自治区最西端，东与阿拉善右旗接壤，南、西与甘肃省酒泉市相连，北与蒙古国交界，国境线全长507.14公里。全旗下辖5个苏木、3个镇、19个嘎查，是以蒙古族为主体的少数民

巡逻

抢险救灾

军事训练

族边境旗县。全旗农牧户 2386 户
5815 人，守土戍边者 226 户 657 人（居
住在距中蒙边境线 40 公里、蒙甘边

界线 15 公里处的，长期从事牧业生
产的留守牧民及包括马鬃山苏木苏
海布拉格嘎查、哈日布日格德音乌

256

积极投入抢险救灾中

联防联训

开展"流动图书馆"深入牧区活动

拉镇乌兰乌拉嘎查的全部留守牧民及其他相关苏木、镇部分嘎查留守牧民）。他们在艰苦恶劣的自然环

与驻地公安开展联合整治行动

军营文化

境下，自力更生，艰苦奋斗，积极、主动、忠实地履行守土戍边职责，确保了额济纳旗边境、边界地区的稳定及民族团结与和谐发展。

工作情况

2002年以后，随着"转移搬迁发展战略"的实施以及黑河综合治理、退牧还草、公益林保护、草原生态补奖等工程项目的实施，额济纳旗坚持分区治理、分类指导和"有所为、有所不为"的原则，坚持以人为本的思想和尊重自然、遵循自然规律的科学态度，采取措施推进了守土戍边牧区的各项建设工作，使守土戍边牧民的生产生活条件有了较大改善。

一是通过游牧民定居工程和阿拉善盟扶持农牧民居边护边工程，为部分守土戍边牧民新建平房112套，并安装风光互补供电系统、修建棚圈、配备太阳能热水器等生产生活设施，改善了部分守土戍边牧民的居住条件。

二是通过安全饮水工程，安装小型净化水设备，解决部分守土戍边牧民安全饮水问题。

三是通过发放发电机组照明设备，提高守土戍边牧民通电、电视收视覆盖率。

四是落实草原生态补助奖励机制，对守土戍边牧民家庭，每户安排两名草原管护员，提高守土戍边牧民的政策性收入。

五是对人工种植肉苁蓉、锁阳、甘草的守土戍边牧民，优先安装机井、小型提水设施。

六是给守土戍边牧民每年每户发放取暖补贴1200元。

诗词辑录

HUASHUONEIMENGGUeji'naqi

诗 词 辑 录

S H I C I J I L U

　　无论是横刀跃马的战争时期，还是扬鞭放歌的和平岁月，额济纳以她独有的魅力，让无数军旅戎士和文人墨客引吭高歌，感叹边关的壮美风光。

古代诗词辑录

别　歌

汉·李陵

径万里兮度沙漠，为君将兮奋匈奴。

路穷绝兮矢刃摧，士众灭兮名已颓。

老母已死，虽欲报恩将安归？

朔马谣

晋·佚名

朔马心何悲？念旧中心劳。

燕雀何徘徊，意欲还故巢。

出　塞

隋·薛道衡

边庭烽火惊，插羽夜征兵。

少昊腾金气，文昌动将星。

长驱鞮汗北，直指夫人城。

绝漠三秋暮，穷阴万里生。

寒夜哀笛曲，霜天断雁声。

连旗下鹿塞，叠鼓向龙庭。

妖云坠虏阵，晕月绕胡营。

左贤皆顿颡，单于已系缨。

绁马登玄阙，钩鲲临北溟。

当知霍骠骑，高第起西京。

注：鞮汗山，在居延北部。

题居延古城赠乔十二知之

唐·陈子昂

闻君东山意，宿昔紫芝荣。

沧州今何在？华发旅边城。

还汉功既薄，逐胡策未行。

徒嗟白日暮，坐对黄云生。

桂枝芳欲晚，薏苡谤谁明？

无为空自老，含叹负平生。

出塞作

唐·王维

居延城外猎天骄，白草连天野火烧。

暮云空碛时驱马，秋日平原好射雕。

护羌校尉朝乘障，破虏将军夜渡辽。

玉靶角弓珠勒马，汉家将赐霍嫖姚。

使至塞上

唐·王维

单车欲问边，属国过居延。

征蓬出汉塞，归雁入胡天。

大漠孤烟直，长河落日圆。

萧关逢候骑，都护在燕然。

吟史诗·居延

唐·胡曾

漠漠平沙际碧天，问人云此是居延。

停骖一顾犹断魂，苏武争禁十九年。

送人从军

唐·杜甫

弱水应无地，阳关已近天。

今君度沙碛，累月断人烟。

好武宁论命，封侯不计年。

马寒防失道，雪没锦鞍鞯。

出　塞

隋·佚名

候骑出甘泉，奔命入居延。

旗作浮云影，阵如明月弦。

出塞诗

唐·钱起

带剑侍吾皇，弹冠入建章。

酒泉奏烽火，简命下河湟。

策马塞门高，扬鞭塞门远。

薄伐破居延，穷追收大宛。

从军行

唐·戎昱

昔从李都尉，双鞬照马蹄。

擒生黑山北，杀敌黄云西。

太白沉房地，边草复萋萋。

归来邯郸市，百尺青楼梯。

感激然诺重，平生胆力齐。

芳筵暮歌发，艳粉轻鬟低。

半醉秋风起，铁骑门前嘶。

远戍报烽火，孤城严鼓鼙。

挥鞭望尘去，少妇莫含啼。

黑河古渡

明·岳正

城南古渡最清幽，通透居延自古流。

采药鲜闻逢织女，乘槎曾听会牵牛。

滩头矶文攀罾网，崖畔渔翁罢钓钩。

过客停鞭吟未已，不知世上几千秋。

祁连山

明·陈棐

马上望祁连，奇峰高插天。

西走接嘉峪，凝素无青烟。

对峰拱合黎，遥海瞰居延。

四时积雪明，六月飞霜寒。

所喜炎阳会，雪消灌甫田。

可以代雨泽，可以资流泉。

三箭将军射，声名天下传。

谁是挂弓者，千年能比肩。

近代诗词辑录

中秋夜行戈壁滩并序
董正钧

（序）一九四五年，余赴西北考察，途经居延海上，适逢中秋，塞外风霜，千里草合，皓月之下，跨驼长征，或穿森林草原，或越沙漠戈壁，黑水森森，鹅雁翩翩，触景生情，倍增游子家国之感，瞭望塞北，平广无垠，极尽雄伟壮阔之势，有吞沙漠、平山丘，催骆北上之志，一时感慨万端，乃仰天高歌，成《中秋夜行戈壁滩》一首，聊泄胸中之积郁耳。

天漠漠兮地接天，戈壁风劲沙飞旋。居延海上少人行，相行惟有月娟娟。沙应月兮月应沙，沙月相应浩无边。揽辔回顾百感增，塞外风霜中秋天。

遥想今宵开家宴，月饼美酒迭相荐。骨肉围坐乐融融，人月团圆同堪羡。沙漠舟上夜气寒，黑水奔流如激箭。鸿雁嗷嗷急归程，天鹅翩翩白云间。芨芨芦苇入望迷，红柳胡杨阔无边。沙山高耸势崔嵬，戈壁砾冷若冰钻。归程屈指万里遥，白发倚闾盼应倦。知否天涯游子身，今夕正寄青山甸。

青山头上风萧萧，番装跨驼腰悬刀。风呼水吼惊牧群，一日数过蒙古包。奶子皮，奶子酒，奶茶藏粑调酥酪。手抓羊肉风味足，主人多情无虚矫。举杯笑饮佐高歌，肴核未尽人先醉，腥羶染指脂染袍。醉饱仍复上征驼，扬鞭迳行不谢扰。似此风议良足多，身不躬亲孰能晓。愿留姓字黑水头，验取他年雪泥之鸿爪。

当代诗词辑录

忆当年

陈士榘

战士壮怀凌云志，热血尽洒戈壁滩。

化作惊雷震环宇，东风常度玉门关。

咏东风基地

张爱萍

青山弱水欣从看，别历坎坷十六年。

劫后余生添美景，再颂雷霆震九天。

后　记

从 2016 年 8 月到 2017 年 3 月，历经八个多月的努力，《话说内蒙古·额济纳旗》一书终于编撰完成了。

《话说内蒙古·额济纳旗》的出版得到了内蒙古人民出版社的大力支持。2016 年 10 月，"话说内蒙古"项目部的田建群先生亲自到额济纳旗，从筹备工作到纲目拟定，从内容选编到篇章结构乃至文辞修饰均给予了专业指导，从而保证了编撰工作的顺利推进。

《话说内蒙古·额济纳旗》一书的编撰受到中共额济纳旗委、旗人民政府领导的高度重视和大力支持。2016 年 8 月 18 日，旗委办公室印发《关于成立〈话说内蒙古·额济纳旗〉编撰委员会的通知》，旗委书记孟和任编委会主任，旗委副书记、旗长王雄任编委会副主任，旗直各委、局的 16 名负责人任委员。编委会下设编撰办公室，旗政协原主席永红为顾问，并设主编、副主编各 1 名，撰稿人员 5 名。旗委常委、宣传部部长、副旗长孙兴钰主管编撰工作，旗委宣传部副部长、广播电视台台长贾桂成负责协调沟通，旗档案史志局局长、主编李靖主抓具体编撰工作。旗委宣传部依据工作安排，抽调李文清、裴海霞、李倩天、杨巧、乌楞花尔 5 位工作人员参与编撰工作。

在编撰过程中，编委会提出，本书要按照自治区党委宣传部关于编撰《话说内蒙古》丛书的要求，编撰一部弘扬社会主义主旋律、正能量的书稿。其次，要力求突出额济纳旗的时代特征、民族特色、地方特点，达到史料性、知识性、可读性、趣味性兼具的效果。另外，要求精编严审，编撰出一部真正的文化精品，对得起人民的期盼，经得起时间的考验。为此，编撰办公室首先完成了《话说内蒙古·额济纳旗》编目大纲的设计。编撰人员严格按照大纲要求撰写，数易其稿，力求精益求精。经过四个月的共同努力，于 2016 年 12 月底形成 16 万字的征求意见稿。2017

年1月初，编撰办公室将《话说内蒙古·额济纳旗》（征求意见稿）报送编委会，征求修改意见。3月上旬，编委会在肯定征求意见稿的基础上，提出修改意见100余条。编撰办公室进行了认真修改。3月底，最终定稿，形成了12万余字的上报稿。同时，对拟入书的300余幅图片精筛细选，力求做到文图相映、图文并茂。

《话说内蒙古·额济纳旗》一书虽已涉及额济纳地区的建置沿革、风云人物、民俗风情、风光物产、居延汉简、黑城文书、航天事业、当代风采等诸多方面，但因篇幅所限，远不能全面、系统地反映额济纳旗的建设成就和充分展示额济纳旗的独特魅力。加之编撰人员水平有限，难免会有诸多错漏，敬请读者指正。

李　靖

2017 年 9 月